Le commerce, cet inconnu…

Collection Distribution L'Harmattan

sous l'égide de l'Association pour l'Histoire du Commerce (www.ahc-asso.com)

La collection Distribution L'Harmattan a pour but de proposer des réflexions sérieuses et concises sur ce secteur important de l'économie.

Elle s'appuie en grande partie mais pas seulement sur l'histoire, un des principaux fils conducteurs en la matière.

Dirigée par Claude BROSSELIN, elle regroupe comme auteurs des professionnels reconnus et des universitaires.

Claude Sordet

Le commerce, cet inconnu…

Ou « le siècle de la grande farandole du commerce français »

L'Harmattan

5-7, rue de l'École-Polytechnique, 75005 Paris

www.harmattan.com
diffusion.harmattan@wanadoo.fr
harmattan1@wanadoo.fr

ISBN : 978-2-343-06699-8
EAN : 9782343066998

INTRODUCTION

Ce livre est un rendez-vous, entièrement dédié à la grande envolée du commerce du XXe siècle. Et quelle histoire ! L'auteur a non seulement procédé à un rappel méticuleux des faits et évènements majeurs qui ont jalonné l'incessante métamorphose du commerce en véritable industrie, mais il a tenu à réunir plusieurs dizaines de grands entrepreneurs du dit commerce.

Farandole d'enseignes, farandoles de personnalités, ce livre permet au lecteur : soit des découvertes d'évènements ignorés ou simplement de se les remémorer. Ils sont un hommage rendu aux grands talents qui les ont initiés. Grâce à l'imagination de ces derniers et à leur persévérance, ce secteur économique capital qu'est le commerce peut donner à la France de nombreuses raisons de fierté. Mais nos compatriotes le savaient-ils ? Il s'est dit, avec sans doute, quelques bonnes raisons, que : *« Les Français aimaient leur commerce, mais pas leurs commerçants »*.

L'un des objectifs de cet ouvrage est de : ***« Rendre à César, ce qui est à César*** ». En d'autres acceptions de cette image, de montrer que si notre commerce n'est pas prophète en son pays, en revanche son image hors hexagone est des plus flatteuses.

Chers amis lecteurs, partez à la découverte de votre commerce, changez le regard que vous portiez peut-être sur lui ; il le mérite et vous en sera reconnaissant.

Que tous ceux qui de génération en génération ont contribué à cette réussite en soient ici chaleureusement remerciés.

PRÉAMBULE

Après la dernière guerre, le monde succursaliste a considérablement participé, en France, au relèvement du commerce de détail à dominante alimentaire.

On reconstruisait, tant bien que mal, les magasins sinistrés. Les succursales de taille moyenne de 40 m^2, chaque fois que faire se pouvait, étaient agrandies et transformées en libre-service, notamment depuis 1948. Cette année-là, le premier magasin de ce style fut ouvert à Paris sous l'enseigne Goulet Turpin.

Les installations logistiques, elles aussi, bénéficiaient d'investissements importants. Il convenait de pouvoir héberger des assortiments en croissance permanente : produits laitiers, fruits et légumes sans compter les nouveaux produits d'hygiène, toilette, mis sur le marché.

Les centrales : de référencement, d'achat et de services, reprenaient, au fil des ans, une importance incontournable. Malheur à l'entreprise voulant rester isolée. Les centrales Paridoc et Locéda avaient été constituées avant la guerre, pour les succursalistes. La SAPAC elle, était destinée à Prisunic. Du temps de sa splendeur, Paridoc a compté jusqu'à 22 sociétés adhérentes (les MAS : Maisons à Succursales Multiples).

Les structures de gouvernance des succursalistes se modifient. L'énorme prédominance des services d'achat, qui était de règle avant la guerre, perd quelque peu de sa hauteur. On reconnaît, enfin, la nécessité de donner de l'importance aux fonctions commerciales. Avant la guerre, les acheteurs, souvent « administrateurs délégués » dans leur entreprise, menaient le bal.

Dès 1947, des voyages d'études vers les USA s'organisent. À Dayton, un fabricant de caisses enregistreuses NCR propose pour les Européens des séminaires qui font grandes recettes. Ils sont animés par un bateleur exceptionnel Bernardo Trujillo, avocat de formation et de nationalité Colombienne, précieux collaborateur de NCR. Des dizaines de grands cadres français de la distribution vont l'écouter.

Les entrepreneurs succursalistes du monde entier adhèrent en force à des associations professionnelles d'origine française, telles : AIDA (Association des Industries de la Distribution Alimentaire) suivie trois ans plus tard du CIES (Comité International des Entreprises Succursalistes).

Ces deux « Institutions du commerce » ont le même géniteur Henri Toulouse, le patron, sans partage encore que sans titre, du groupe Docks de France.

« Monsieur » Jacques Pictet son homme lige qui était depuis 1945 le Secrétaire général de Paridoc anime entre autres activités le « Conseil Vente et Publicité », véritable aile marchante regroupant les activités de conseil déployées par Paridoc.

L'AIDA (Association Internationale de la Distribution Alimentaire) constituée en 1952, se voulait une entité internationale regroupant toutes les catégories d'entreprises, sans distinction d'importance, appartenant au commerce intégré ou à l'univers des indépendants. Condition sine qua non, il fallait appartenir au monde de l'alimentation. Dès sa création, l'Aida prit l'initiative d'accueillir également des producteurs et des importateurs. Henri Toulouse et Jacques Pictet voulaient faire de cette structure associative un lieu de partage, d'échange, dédié au « commerce moderne », pris dans sa plus large acception, amont et aval.

De même, s'y retrouvent très vite : des entreprises privées ou publiques, des chercheurs, des représentants de l'enseignement et, fait exceptionnel, à l'époque, des représentants des instances les plus représentatives des consommateurs.

Quant au CIES (1953) association fille naturelle de l'AIDA, sa signification était : « Comité International des Entreprises à Succursales », soit les MAS (Maisons à Succursales Multiples). Pourquoi fut-il constitué ?

Peu après la création de l'AIDA, les entreprises à succursales de l'époque estiment qu'il devient opportun, voire nécessaire, de mettre en place, au plan international, une structure de concertation et d'échanges professionnels leur étant exclusivement réservée. ***« Nous voulons rester entre nous, le succursalisme n'ayant rien à voir avec d'autres métiers du commerce... »*** Propos dénotant à l'évidence un certain complexe de supériorité.

Il convient de ne pas oublier qu'Henri Toulouse (Docks de France) et Jacques Pictet, secrétaire général de la centrale Paridoc furent les promoteurs de ces deux associations. Ils en ont été, les éléments moteurs. Nous sommes à l'orée des années cinquante, la gestion de la pénurie propre aux temps de guerre et d'immédiat après-guerre, laisse place à l'envolée des premières performances des industries agro-alimentaires. Elles mettent sans cesse sur le marché : des produits nouveaux et autres emballages adaptés au libre-service. On découvre le « marketing », il répond, avant tout, à la question : « *Quels produits ? Pour quels marchés ?* »

Les fabricants de produits alimentaires, avaient immédiatement perçu combien, pour eux, était tout l'intérêt de cette formule de vente inédite qu'était le libre-service, Ils en furent les ardents prosélytes. Tout s'est joué entre 1950 et 1953, pour mémoire : créations de l'AIDA et du CIES, mais également en Belgique, en 1954, du CBD, soit le Comité Belge de la Distribution. Il y a une dizaine d'années, le CBD, s'est vu attribuer le prédicat « Royal » ; il devint ainsi le : « Comité Royal Belge de la Distribution ».

Paridoc, le principal groupement succursaliste privilégiant les achats et les services se renforçait considérablement, pour l'essentiel, du fait des croissances endogènes et exogènes de ses adhérents. Une autre centrale d'achat LOCEDA recueillait les maisons succursalistes qui, pour cause de concurrence ne pouvaient adhérer à Paridoc.

Le groupement Paridoc qui, pour mémoire, fut créé en 1928, comptait après la guerre une petite vingtaine d'adhérents, parmi lesquels, les « beaux fleurons » qu'étaient : Goulet Turpin (Reims) - Docks de France (Tours) - Comptoirs Modernes (Le Mans). Le nombre de succursales que les adhérents exploitaient avoisinait les 4.000 unités. Paridoc n'était pas, à vrai dire, une centrale d'achat, mais une centrale de référencement et de services. Les adhérents se voyaient proposer des assortiments dûment négociés par les permanents de leur centrale. Par ailleurs, à leur attention, étaient organisées des réunions animées par les permanents de la centrale, mais toujours présidées par un adhérent, particulièrement qualifié.

Ainsi existaient : le « Conseil Financier » - le « Conseil Vente et Publicité », le « Conseil Construction, Aménagement, Décoration » - et surtout, se réunissant très fréquemment, des Commissions d'achat dédiées aux différentes grandes familles de produits. Ces commissions se trouvaient souvent en conflit avec le Conseil Vente et Publicité qui, contrairement à ce qui était de règle avant la guerre (comme signalé plus haut) n'entendait plus se voir imposer des assortiments et des politiques tarifaires souvent en dissonance avec les soucis des « vendeurs », soit les Directions commerciales des sociétés adhérentes.

Jean Plassart, dynamique Directeur Général des Comptoirs Modernes était, en quelque sorte, le président « perpétuel » du Conseil Vente et Publicité. Au début des années 1950, au sein de Paridoc, deux magazines à fort tirage furent édités. Le premier « Je sais vendre » était destiné aux gérants mandataires des adhérents, et le deuxième « Je sais faire vendre », lui, se trouvait réservé aux forces de ventes des adhérents (Chef de groupe, Inspecteurs, Inventoristes). Une idée prit consistance à partir de 1955. Elle consistait à remplacer « Je sais vendre » et « Je sais faire vendre » par un grand hebdomadaire qui prit l'appellation : LSA « Libre Service Actualité ». Ce journal fut placé dans une petite structure la SELISER (**S**ociété d'**E**dition du **Li**bre **Se**rvice). Jacques Pictet en était le père fondateur et son fils Claude, déjà très en pointe dans les arcanes de l'informatique qui balbutiait, en assurait la mise en oeuvre technique (PAO), totalement informatisée via sa société LASTAR. C'était à l'époque une grande première en France.

Vers l'éclatement de Paridoc

L'élan qui propulsa Paridoc au cours des années cinquante et soixante était dû à ce fameux Conseil Vente et Publicité. On sait moins qu'il fut à l'initiative de la célèbre « Campagne des Magasins J » en 1961, et que dans la foulée, fut créée la Fondation « J » qui perdura pendant cinq années.

Il est évident que le vecteur de ces faits et évènements, propres à Paridoc, était le magazine LSA. Peu de temps, après son lancement, survint au sein de Paridoc une sérieuse divergence quant à la voie que devait suivre LSA. Une poignée d'adhérents « progressistes » se trouva, aux côtés de Jacques Pictet. Ce dernier, à raison, estimait que LSA devait étendre son lectorat au-delà de Paridoc, soit à tous les commerçants de France adeptes du concept « Libre Service ». Ce qui n'était pas du tout l'avis d'Henri Toulouse, qui était la grande personnalité de Paridoc et l'un des fils d'Ernest Toulouse, le fondateur de ladite centrale. D'autres adhérents étaient également très opposés à une telle ouverture. D'autant que, la société éditrice de LSA, la SELISER, appartenait à l'époque à 80 % à Paridoc et pour le restant à la NCR, ce célèbre fabricant américain de caisses enregistreuses.

Très vite, la situation s'envenimant, il devenait évident que Jacques Pictet allait devoir *« Se soumettre ou se démettre »* (sic Henri Toulouse). Assez naïvement, il choisit le deuxième terme de l'alternative, pensant que son départ serait accompagné d'un précieux cadeau : la toute propriété de la SELISER, donc de LSA. Paridoc vit alors, la division sur ce sujet frôler son éclatement. Les « pros » Pictet firent valoir que penser conserver LSA au sein de Paridoc, sans l'animateur et père spirituel du journal, n'était que vue de l'esprit, tant le magazine devait son succès à Jacques Pictet et pour la partie technique à son fils Claude. Exploit en France, le journal était réalisé de A à Z en trois jours. Henri Toulouse, qui fut mis en infériorité, vécut très mal la chose et en voulut énormément, par la suite, à ceux, qui avaient permis à Jacques Pictet de partir avec un somptueux cadeau : LSA, acquis pour seulement la valeur d'émission des actions soit 100.000 francs. Le tour de table actualisé de la SELISER voyait apparaître un nouveau bloc majoritaire, soit les deux enfants de Jacques Pictet. L'IFLS (Institut Français du Libre Service) étant également actionnaire à moins de 5 %. On retrouvait, par la même occasion, comme administrateurs de la SELISER, quelques personnes physiques proches de Jacques Pictet,

En février 1978, les enfants de Jacques PICTET cèdent la SELISER à la famille Douce. Soulignons, « au passage », que Jacques Douce avait été l'homme fort d'Havas. Brève étape, avant une nouvelle cession de ladite SELISER à la CEP, très important groupe de presse que dirigeait Christian Brégou.

Depuis, LSA vécut un nombre non négligeable de changements de propriétaires qui, tous, eurent l'intelligence de conserver, pour une grande partie, les équipes de journalistes qui permirent de voir LSA poursuivre une trajectoire ponctuée de très beaux succès.

PREMIÈRE PARTIE

« À la découverte du commerce »

Il était une fois le commerce moderne

Comme le soulignait un rapport du CES (Conseil Economique et Social) titré à l'époque : « Quel commerce demain ?[1] » réalisé en 1999 par Charles Urbain avec le concours de Claude Sordet : Qui peut dire quand a commencé l'aventure du commerce moderne ?

Avec Aristide Boucicaut, qui, en créant le Bon Marché a fait le « *bonheur des dames* » et avec Etienne Lesage qui a inventé le succursalisme, avec Marcel Fournier, le concepteur de l'hypermarché ? Ou encore, serait-ce dans l'immédiat, après la Première Guerre mondiale lorsque le 2 octobre 1922, l'acte établissant ce qui allait devenir la première entreprise de vente par correspondance, « La Redoute » fut signé ?

C'est sans doute à l'orée des années 1930, sur fond de crise économique mondiale que s'est essentiellement développé le commerce organisé, structuré, reposant sur la répétitivité de l'offre, le suivi de la qualité, le respect des assortiments et des prix sinon toujours bas du moins rai-

---

[1] « Quel commerce demain ? », rapport du Conseil Économique et Social, 1999, Imprimerie nationale.

sonnables. On comprend parfaitement que les nouveaux compétiteurs du commerce que furent, dès 1931, les Uniprix, Monoprix, Prisunic, se soient qualifiés de « magasins populaires ». En fait, telle était bien leur vocation originelle et partant leur cible : les plus démunis des Français.

Si, d'évidence, ceux-là ont besoin de prix bas, les plus favorisés en raffolent. Le critère du prix a toujours été pour le commerce un facteur d'attraction très important, voire déterminant. C'est donc en cette période de tension interne et externe que se créent les magasins populaires et se développent les maisons à succursales multiples alimentaires.

Le développement du succursalisme semble, alors, sensiblement moins spectaculaire qu'en leur temps, l'apparition et la rapide montée en régime des magasins populaires issus, en France, de la volonté des grands magasins. Les concepts révolutionnaires reposent sur le respect d'une discipline d'airain. Les magasins populaires sont les inventeurs de l'affiliation et les développeurs des marques de distribution.

Si les magasins populaires sont les enfants des grands magasins, le succursalisme à dominante alimentaire est bel et bien celui des grossistes de progrès. Ceux-là même qui avaient eu l'idée d'intégrer la fonction de détail, à celle de gros, au risque de s'aliéner nombre de petits détaillants. Très rapidement ces premiers succursalistes abandonnèrent leur seul ancien métier de grossiste.

Une onde de choc dont on parle encore

L'onde de choc à l'origine de la « naissance » puis du développement des magasins populaires, a été aussi importante que celle provoquée, trente ans plus tard, par l'avènement de l'hypermarché. Le développement des magasins populaires fut infiniment rapide. Entre 1932 et 1940 il n'y a pas eu de période d'essai, de phase « pilote », le succès vint en marchant et quel succès ! Cette décennie fut également caractérisée par l'incessante prise de pouvoir des « grands commis » du commerce : les acheteurs. La centralisation indispensable des achats appelait de véritables « patrons d'achat » souvent dénommés « administrateurs » d'achat. Les séquelles dues aux privations ont engendré dans les années 1940 des changements durables d'habitudes de consommation. Les consommateurs vont vers l'offre car, rares encore, sont les produits dans les magasins. On n'achète pas, on trouve et pour trouver il faut se débrouiller.

La priorité fut donnée, à la sortie de la guerre, à la reconstruction des entrepôts, hélas, et pour cause de perception de dommages de guerre, pierre par pierre à l'identique. Ces conceptions, souvent sur plusieurs niveaux, dix ans plus tard, se révélant dépassées car d'exploitation coûteuse.

Pendant cette période de clair-obscur, on assiste à un début de réorganisation, plus ou moins efficace, de la production des biens de grande consommation. Les acheteurs du commerce n'achètent plus mais : quémandent, dénichent et ce, jusqu'en 1950.

Dès la fin des années 1940 apparurent les premiers produits nouveaux. On découvre, progressivement, de nouvelles techniques de fabrication et de conservation : surgélation, lyophilisation. Les réseaux de distribution sont très « atomisés », d'où l'importance des structures commerciales des fabricants. On vit le grand temps fort des représentants, des agents commerciaux. Et le commerce réorganisé, qu'on n'appelle pas encore grand commerce et encore moins distribution, que devient-il ?

En 1947 a lieu le premier voyage aux Etats-Unis d'une mission de succursalistes français. C'est également, pour mémoire, quelques années plus tard, la première apparition à Dayton (USA) de l'oracle de National Cash Register (NCR), Bernardo Trujillo (avocat de profession) commençant à prêcher « l'îlot de perte dans l'océan de profit ». Aux USA le libre-service bat sons pleins et le supermarché fait merveille.

Entre 1932, année de leur création, et 1949, le nombre des supermarchés américains a été multiplié par 100 et leur chiffre d'affaires par 364. En 1948 eurent lieu en France les premiers essais, timides mais spectaculaires, de transformation de magasin d'épicerie en libre-service, sans grand succès d'ailleurs.

Le point de départ des trente glorieuses

Les années 1950 ont été le point de départ, pour le commerce, de ses « trente glorieuses ». De 1950 à 1955, les fabricants, ayant renoué avec la normalisation des approvisionnements, commencent à améliorer les emballages, conscients des conséquences du développement du libre-service. Ils furent, et pour cause, d'ardents prosélytes de ce nouveau mode de vente qui prenait pied dans les magasins. Au grand dam de certains commerçants, persuadés qu'il allait avoir pour effet immédiat d'accentuer les vols. Les fabricants améliorent en priorité les standards de qualité des produits qui en avaient bien besoin : la guerre étant passée par là. Ils développent de nouvelles techniques de communication : promotion sur le lieu de vente (PLV), publicité directe. Ces mêmes fabricants vivent très mal l'abolition des prix imposés (décret-loi Pinay). Les distributeurs, quant à eux, profitent de la mauvaise santé des dizaines de milliers de commerces alimentaires et non alimentaires de l'après-guerre, trop souvent mal gérés et qui disparaissent très rapidement. Ceci explique, pour une large part, la résurgence du succursalisme alimentaire malgré d'ailleurs, un lent développement des méthodes du libre-service. (Voir précédemment). Les tournées de chine, tournées de campagne reprennent du service, alors que se développent de nouveaux magasins populaires, notamment dans les villes moyennes. La modernisation des entrepôts (grossistes succursalistes) se poursuit, ce qui d'ailleurs entraine la réorganisation des services d'achats calqués sur le modèle d'avant-guerre et très souvent avec les hommes d'avant-guerre. Les bénéfices d'un commerçant se réalisaient à l'achat, tiens déjà.

De 1959 à 1969, côté distributeurs, on assiste à un plus net développement des techniques du libre-service. Les premières supérettes, magasins de moins de 400 m^2 apparaissent. Puis ce furent les premiers supermarchés, magasins de plus de 400 m^2, dès 1958. L'extension des présentations visuelles des produits, conduit aux premières confrontations directes entre acheteurs, consommateurs, produits et marques. Ce fut une révolution. Le libre-service est essentiellement mis en œuvre par les succursalistes, les coopératives de consommation et quelques indépendants dynamiques. Les marques propres des distributeurs n'ont pas repris l'importance qu'elles avaient avant-guerre. Les fabricants investissent dans le lancement de produits nouveaux et développent de nouvelles technologies. Le marketing gagne ses quartiers de noblesse répondant, au risque de nous répéter, de mieux en mieux à la question : « Quel produit pour quel marché »ce qui permet sans doute le rapide développement de la notion de marque et de préférence nationale.

L'appellation « force de vente » apparaît chez les industriels. Pour résumer la décennie 1950-1960, on peut remarquer la totale remise à niveau du commerce dit organisé.

Pendant que les magasins populaires poursuivent leur conquête de l'Hexagone, un nombre croissant d'affiliés s'installe dans les agglomérations de plus en plus petites.

Les succursalistes, les coopératives, voire le commerce associé se réorganisent. C'est aussi l'émergence d'un nouveau commerce indépendant se regroupant en chaînes volontaires de grossistes ou de détaillants.

Quelques erreurs d'appréciation furent commises pendant cette période. Les magasins populaires ont souhaité fonder toute leur stratégie commerciale sur le développement de leurs marques propres. Les standards de qualité des produits « maison » se sont, de ce fait, trouvés très décalés par rapport à ceux des marques d'industriel en pleine émergence.

Les succursalistes, quant à eux, ont opté pour les mêmes structures, les mêmes organigrammes qu'avant-guerre, époque où le bon achat signifiait bonne vente. La marge importait avant toute chose. Les politiques commerciales, peu dynamiques du réseau des succursalistes expliquent sans aucun doute l'avènement des « discounters » : Edouard Leclerc, Roger Berthier (Berthier Saveco).

Le climat régnant alors sur les rapports producteurs distributeurs commence à se dégrader du fait d'une double ignorance. Chez les fabricants, force est de constater que les hommes de production et ceux du marketing ignorent les hommes en charge de la commercialisation. Par ailleurs, dans les entreprises de distribution, les hommes des achats et en général ceux du siège ignorent les hommes commerciaux des magasins. Et par-dessus le marché : les acheteurs (distributeurs) ignorent les vendeurs (fabricants) qui le leur rendent bien. Les fabricants ont porté sur les premiers supermarchés un regard marqué d'une curiosité évidente, mêlé à un sentiment de défiance. Certains comprenant toutefois quel pouvait être pour leurs produits l'intérêt d'une telle formule axée en principe sur la vente de masse.

À la découverte de l'hypermarché

On peut reconnaître, avec le recul du temps et à quelques rares exceptions, que le supermarché n'a pas vraiment réussi sa percée à une époque où la voie se trouvait pourtant libre. Le commerce intégré semblait alors marquer le pas par manque d'audace. Aussi, en 1963, naît l'hypermarché issu des atermoiements du supermarché qui n'en finit pas de chercher sa voie. L'hypermarché est d'abord un « discount » parce que « mini margeur » axé sur les produits de grande consommation, ne vendant ainsi que des grandes marques. On est loin de « l'Ilot de pertes dans l'océan de profits ». L'hypermarché se doit d'être le meilleur de la classe (le moins cher sur tous les produits qu'il met en vente). Il relève, ainsi, la gageure de l'extension du discount aux marchandises générales, ce qui apparaît pour le moins risqué.

La bonne marche d'un hypermarché implique un management décentralisé et caractérisé par : la souplesse, la rapidité d'action et de réaction ; ce qui, à l'époque, est révolutionnaire. Il appelle de nouveaux types de localisations hors agglomération sur des grands axes routiers, ce qui s'éloigne des habituels choix d'implantations en ville. Il nécessite de vastes parkings et la pratique de la vente de l'essence en discount, autre pari sur le développement de l'automobile. Il repose enfin sur une communication agressive d'ailleurs inspirée de celle d'Edouard Leclerc, pouvant choquer les tenants de l'adage « Pour vivre heureux vivons cachés ».

La phase pilote de l'hypermarché se prolonge pendant près de quatre ans, ce qui peut sembler énorme. À partir de

1967-68, son vrai démarrage s'effectue dans une fièvre incroyable. Au premier semestre 1970, il y a en France 103 hypermarchés dont 24 ouverts au cours des six premiers mois de l'année 1970. Le pionnier (Carrefour) totalise treize magasins. Cette décennie est celle du grand virage libre-service : 1 082 849 m^2 de surface de vente créés par les supermarchés ; 563 714 m^2 de surface de vente créés par les hypermarchés. On imagine la répercussion de ce développement de l'hypermarché sur : les produits, leur conditionnement, les promotions des ventes, la publicité mais aussi les modes de management des distributeurs. On remarque, notamment, l'apparition chez les succursalistes de fonctions nouvelles « directeur général commercial », « général merchandiser ». Bien que les fabricants grâce à l'apparition du merchandising, maintiennent encore, une certaine suprématie sur le monde du commerce, le poids de ce dernier se fait de plus en plus évident.

Les années 1970 sont les « années folles » de l'hypermarché. Au 1er juillet 1975 on dénombre :

- 2450 supermarchés ;
- 299 hypermarchés.

En vingt ans, il s'est créé 5.289.832 m^2 de surface de vente supermarchés et hypermarchés. Qui pourrait nier que l'évolution du commerce de détail, au cours de cette période, a été très largement liée au rythme de développement des grandes surfaces ? Qui pourrait également ne pas reconnaître que l'avènement de la loi « Royer » (décembre 1993) n'a, en fait, que fort peu contrarié l'évolution naturelle des « espèces », voire même favorisé le bond en avant des supermarchés, puis, beaucoup plus tard, l'éclosion massive des « maxi discomptes ».

Durant ces années, l'expansion spectaculaire du grand commerce est double :

- Expansion externe ou exogène par ouverture de nouvelles surfaces de vente ;
- Expansion interne ou endogène par l'augmentation régulière et soutenue du volume de chiffre d'affaires réalisé parce que le pouvoir d'achat connaît une hausse constante ;

La motorisation est en fort développement. Les équipements domestiques enregistrent une progression spectaculaire. Les nouveaux concepts de vente plaisent, voire séduisent. L'aspect festif de l'hypermarché est reconnu de tous. Les implantations se réalisent alors dans des moyennes agglomérations, qui appellent une surface moins grande. Précaution s'il en était, alors qu'il existait un refus croissant d'investissements lourds compte tenu de rentabilités de plus en plus incertaines et, pour le moins, qui se faisaient attendre. Pendant cette période, d'autres catégories de magasins élargissent leur surface de vente, essentiellement les magasins populaires. On assiste, par ailleurs à la forte émergence de nouveaux secteurs marchands ouverts par les néo-spécialistes. Cette longue et turbulente décennie connaît à elle seule le « grand boum », l'euphorie puis l'inquiétude prémonitoire d'un éventuel déclin.

La décennie 1980 est, à l'évidence, celle de l'apparition puis du développement au sein du monde du commerce des nouvelles technologies et techniques. 1980-1990 apparaît comme la phase de l'informatisation très poussée de la distribution, judicieusement mise au service de :

- Les aires de vente (caisses à lecture optique) ;
- Les soutiens logistiques (entrepôts, transports, soit la distribution physique) ;
- Les centrales de référencement et d'achat.

Elle est également marquée par l'apparition sur le marché (d'abord dans le petit commerce puis dans les grandes surfaces) de très nombreux produits nouveaux dont nombre de plats préparés ou semi-finis. La cuisson sous vide, les nouveaux produits frais (quatrième gamme) apparaissent et se développent ensuite rapidement. La décennie est également fertile en grandes manœuvres. Les premières centrales d'achat européennes voient le jour. Arrive en France le premier maxi discompte allemand, Aldi (1988). Personne n'y croyait. Cette période voit le consommateur devenir un « grand professionnel » de l'achat, sachant ce qu'il veut, quand il le veut et où il le veut.

Pour le grand commerce, la décennie 1990 commence par des années de plomb. La « loi Royer » se durcit, la « loi Doubin » soumet à autorisation les lotissements commerciaux. Les premiers scandales financiers s'étalent sur les colonnes des journaux.

Du temps du bilan à celui des interrogations

Les faits sont là, pendant la seconde moitié du XXe siècle, le vent du changement a soufflé sur l'ensemble du commerce français. Les grandes mutations vécues par le commerce moderne, grand ou petit, ont permis d'accompagner l'urbanisation croissante de la société ainsi que la diversification des besoins et des goûts des consommateurs.

Le client, le consommateur français vit mieux, trouvant de plus en plus fréquemment les concepts magasins et les produits répondant aux variations de ses attentes. Le commerce a indéniablement contribué à la diffusion de produits nouveaux. Il a été, aux côtés des fabricants, un puissant facteur d'innovation leur permettant d'ouvrir de nouveaux marchés.

À la recherche de progrès et de performances dans le domaine de la gestion de ces flux (marchandises, clients, fonds et personnel), le commerce a apporté une contribution massive à l'émergence puis au développement rapide des nouvelles technologies et en particulier celles de l'informatique. Il a su participer au développement de l'urbanisme, apportant une réponse aux responsables de l'aménagement du territoire. Ce faisant, il a contribué à accompagner, par ses nouveaux concepts marchands, les mouvements démographiques. En adoptant, puis développant de nouveaux vecteurs de communication il a été un parfait agent de liaison entre le producteur et le consommateur. Enfin, le commerce a été un très grand créateur d'emplois directs et un incontestable inventeur de métiers nouveaux. Ils ont progressivement trouvé leur définition, et les qualifications correspondantes et la normalisation de leur exercice.

Quand la distribution en périphérie devient un modèle dominant

Il suffit de lire ce rappel des grandes étapes du commerce, allant de l'après-guerre à la dernière décennie de notre défunt siècle, pour se persuader qu'en fait, et notamment au cours des années 70-80, le « commerce » a connu son meilleur épanouissement en périphérie des villes. Fait totalement nouveau et d'une grande importance quant à la nouvelle distribution des cartes de ce qui commençait à être appelé « l'urbanisme commercial ».

Gérard Gallo, également historien du commerce, aime à rappeler que cette migration du commerce des centres-ville vers leur périphérie n'est que la conséquence de l'arrivée massive, dans les abords industriels des villes, des « ruraux » désertant la France verte et profonde en recherche d'un emploi mieux rémunéré. On assistera alors en très peu de temps à un phénomène de réactions en chaîne : arrivée en masse = commerce de masse, commerce de masse = distribution = marketing de masse = distribution de masse, mais hélas : consommation de masse = perte progressive de la notion de client.

Historiquement la ville est synonyme de commerce. Au moyen âge, le commerce s'exerçait sous de formes variées :

- Soit dans des rues commerçantes où la fabrication et la préparation de la marchandise se faisaient dans l'arrière-boutique, la façade étant la véritable vitrine du commerçant-artisan ;
- Soit dans les foires et marchés qui attiraient les habitants des campagnes très majoritaires vers le bourg ou la ville.

Dans les années 1900 / 1940, l'accélération de l'urbanisation a entraîné une forte modernisation du commerce. Les grands magasins, les magasins populaires et le succursalisme ont démontré la vitalité du commerce urbain. Pourquoi a-t-on assisté dans les années 60 à une rupture entre le commerce et la ville ?

Gérard Gallo évoque plusieurs causes :

« *Les futurologues prévoyaient dans les années 70 que le Paris de l'an 2000 ainsi que les grandes villes françaises seraient un désert après 20 heures. Les centres des villes abriteraient presque uniquement des bureaux, les habitants étant situés en banlieue dans les "nouveaux villages" ou les villes nouvelles. Cette vision a profondément marqué la politique d'urbanisation qui s'est attachée à séparer la ville, plutôt réservée aux bureaux, et la périphérie réservée à l'habitat. On a fabriqué en périphérie des "machines à habiter". La conception des villes nou-*

velles a été totalement imprégnée de cette philosophie. Sous l'influence de l'architecte Le Corbusier, on imagine le développement d'un urbanisme entièrement tourné vers la périphérie avec un urbanisme sur "dalles" où les rues piétonnes ne permettent de subsister qu'à de rares commerces à faible valeur ajoutée et à faible chiffre d'affaires. »

En matière de droit, les textes législatifs ont tous eu la même philosophie, non pas de planifier spatialement le développement commercial en l'aidant à moderniser le commerce de la ville, mais, seulement, d'essayer de cadrer le développement du grand commerce de périphérie.

En Allemagne, en Angleterre et dans les pays nordiques, une législation très stricte interdisait le développement anarchique des commerces périphériques en protégeant les villes grâce aux plans d'urbanisme. La France est le seul pays où les distributeurs se sont installés en plein champ et ont axé leur stratégie « marketing » sur les déplacements de la population notamment des villes même pour acheter leur nourriture.

« Parallèlement (aime à souligner Gérard Gallo), *l'absence des règles en périphérie contraste avec l'accumulation des prescriptions et de délais administratifs en centre-ville. C'est une des raisons de l'écart économique qui s'est creusé entre le commerce de centre-ville et le commerce périphérique. »*

On peut, en résumé lapidaire, constater que la périphérie a été, notamment en matière d'équipements commerciaux, abandonnée à des désordres de constructions parfois anarchiques et de qualités architecturales souvent médiocres, alors que le centre-ville a été traité avec une vigilance méticuleuse et inquiète.

Les conséquences sont lisibles. Entre 1975 et 1995, les villes de moins de 20 000 habitants ont perdu 17 % de leurs commerces ; celles de 20 000 à 50 000 habitants ont perdu 6 % de leurs commerces. Les pertes en termes de magasins vendant des produits de grande consommation (PGC) sont beaucoup plus lourdes. Souvent plus de 50 % des magasins ont disparu. On assiste actuellement, encore, à la poursuite de l'érosion du commerce dans les villes de tailles de plus en plus importantes. Les zones rurales ont poursuivi la perte de leurs commerces, souvent source de désertification de communes rurales. 16 % de la population vit en zone rurale, mais représente moins de 8 % des achats alimentaires. La France est une exception dans le monde. C'est le seul pays qui a le plus fort décalage entre l'habitat des consommateurs, et les magasins en produits de grande consommation.

74 % des achats de PGC se font sur un territoire représentant moins de 42 % de la population qui recouvre la banlieue. Mais c'est surtout dans le « périurbain » où vit moins de 15 % de la population que se concentre la majorité des grandes surfaces. Les hypermarchés français reproduisent le même modèle dans le monde, surtout si les trois conditions suivantes sont remplies, ce qui est d'ailleurs très fréquent dans les « pays émergents » ou ayant une culture commerciale très traditionnelle :

- Absence de plan d'urbanisme commercial et-(ou) de zones de protection autour des villes (et de la loi la faisant appliquer) ;
- Absence d'aménagement commercial des villes qui deviennent petit à petit, peu fonctionnelles et chères avec un commerce qui n'a pas pu ou su évoluer ;
- Un commerce local souvent atone, qui n'a pas réagi et qui cumule les handicaps, soit : conditions d'achat très médiocres, productivité faible, technique de « Back office » peu performante, adaptation faible aux évolutions du consommateur, assortiment clas-

sique de base qui sont au centre de la guerre des prix.

À la découverte du marketing

Après l'ère de la conquête du territoire par les « distributeurs », un marketing de commerçants s'est fait jour. Cette évolution, sans aucun doute, tient à l'analyse suivante :

Les grandes surfaces ne peuvent exister sans une très forte activité commerciale qui se traduit par une volonté de différenciation par la valeur de l'enseigne. La différence entre un hypermarché performant et le même médiocre se fait uniquement sur sa capacité d'attraction des consommateurs de ses zones secondaires ou tertiaires.

On peut rappeler que chaque consommateur fréquente en moyenne 3,2 magasins de produits de grande consommation et dépense 33 340 francs (valeur 1998) dont 75 % dans son magasin principal, 21 % dans son magasin secondaire et 4 % son magasin occasionnel.

La stratégie impérative de l'hypermarché est d'acquérir et de conserver, par tous les moyens, le maximum de clients principaux, « les fondamentaux ». N'est-ce pas le fonds de commerce. On constate la « volatilité » des clients d'une année sur l'autre en hypermarchés. Exemples de Carrefour ou d'Auchan qui sont pourtant les leaders.

On constate la problématique commerciale d'un hypermarchés moyen où 35 % des clients réalisent 78 % du chiffre d'affaires de ce magasin (un client « moyen » réalise 27 visites par an, un « principal » 50 visites par an).

La politique d'achat des distributeurs n'a cessé de se renforcer, voire de se durcir au cours de ces dernières décennies. En effet, la formidable dynamique de la grande distribution française a eu comme moteur une capacité de négociation liée à la progression du chiffre d'affaires et à la part de marché, facteur « exacerbé » en France sachant même que les hypermarchés français exportent cette caractéristique qui fait leur force dans le monde.

Ceux qui ont cru que les relations anciennes de collaboration étroite avec les fournisseurs les protégeaient contre les nouveaux entrants ont tous constaté, rapidement, à quel point ils faisaient erreur. Ce principe pousse inexorablement vers des regroupements ou des associations de plus en plus puissantes. Le Back office, soit les coulisses de l'exploit, est devenu un élément majeur de la saine gestion d'un distributeur, le Back office, pris dans une acception regroupant informatique et logistique. Or là était, il y a peu d'années encore, le point très faible de la distribution française. Il s'est largement comblé depuis. On peut constater, selon une étude réalisée par LaSer sur l'informatisation dans le commerce, à quel point la rotation des stocks favorise un commerçant comme Wal-Mart, il est vrai le numéro un mondial de la distribution de masse.

Les marques propres s'inscrivent de plus en plus dans la stratégie marketing des grandes enseignes en Europe, la France a elle, une position moyenne quant à la mise en place des dites marques propres. De la nuance avant toute chose. Bonne note pour la France, il est observé depuis quelques années une évolution qualitative importante des marques de distributeurs vers des produits d'innovation alliant qualité et prix. Dans ce domaine, Monoprix et Casino ont été des précurseurs en France avec la création de produits adaptés à des styles stratégiques de consommateurs. A la fin du siècle dernier les produits du troisième type, innovants, et les niches régionales représentaient déjà 30 % du chiffre d'affaires des marques de distribution. Ces marques sont positionnantes pour l'enseigne.

La fidélisation reste la priorité des priorités d'une enseigne établie, à preuve le fort développement des programmes de fidélité souvent liés à une carte de paiement ou de simple fidélisation. Sur le plan théorique, le passage de 5 % de clients secondaires en clients principaux génère 9 % de chiffre d'affaires supplémentaire et 20 % de résultats en plus.

L'image de l'enseigne devient un combat de tous les instants. Car, cette image est « vitale » pour attirer un client sollicité par plusieurs concurrents.

Chaque chaîne se bat pour créer sa différence : univers, concept, gamme spécifique ou encore développer des relations privilégiées avec les clients pour affirmer son positionnement spécifique.

Quand le modèle dominant que fut l'hyper fait face à ses limites

Les limites de ce modèle dominant que fut l'hypermarché sont fondées sur huit principaux constats.

- La concurrence entre ces hypermarchés s'est fortement accrue. Selon l'atlas de la distribution du magazine LSA diffusé en 2001, l'univers des grandes surfaces totalisait, alors, 16.994 magasins au 31 décembre, représentant 30.609.318 m^2 de surface totale et employant 607.277 salariés. Dans le seul domaine des grandes surfaces à dominante alimentaire, il existait 1.175 hypermarchés, 5.629 supermarchés, 2.520 maxi discomptes.
- Et pourtant, tous ces magasins manquent cruellement de place et d'espace. En effet, les enseignes alimentaires et non alimentaires, petites et grandes, doivent adapter l'offre à l'évolution des besoins des consommateurs, ce qui demande de la place et des

embauches. Mais faute de place, comment embaucher ?

- La progression de la part du marché des supermarchés diminue la capacité d'attraction des hypermarchés. Selon SECODIP, les évolutions des parts de marché par enseigne en France, de 1999 à 2000 se présentent ainsi :

Leclerc	+0,7 %
Maxi-discompteurs	+ 0,4 %
Système U	+ 0,3 %
Auchan-Mammouth	+ 0,2 %
Champion-Stoc	+ 0,2 %
Cora	+ 0,2 %
Atac	0 %
Casino	0 %
Match	0 %
Géant	+ 0,1 %
Intermarché	+ 0,2 %
Carrefour-Continent	+ 0,7 %

Les indices de progression de la FCD (Fédération des entreprises du Commerce et de la Distribution) pour l'ensemble de l'exercice (2000) se présentent ainsi :

Hypermarchés	+ 3,4 %
Supermarchés	+ 5,5 %
Magasins de proximité.	+ 3,8 %

- Les « catégories killers » en non alimentaire ou les maxi discomptes diminuent la force des hypermarchés ;
- Les hypermarchés implantés dans les villes ont souvent été des échecs ou des succès mitigés, sans compter la destruction de dizaines de commerces locaux et ce pour trois raisons essentielles :

- Difficulté à gérer des paniers clients de 80 à 100 francs ;
- Coût élevé du foncier ;
- Faible intérêt des consommateurs de prendre sa voiture pour traverser le centre-ville alors qu'il peut aller à un hypermarché périphérique beaucoup plus accessible avec un parking pratique ;
- Diminution du temps disponible par les clients car le temps devient une valeur. Les fréquentations mensuelles des clients sont en légère baisse (compensées actuellement par un panier un peu plus élevé à chaque visite).

  À titre purement « statistique », si un client des villes valorisait les 60 heures supplémentaires par an pour faire ses courses hors la ville, elles lui coûteraient de 8 à 12 % plus cher que le prix « nominal ». Il va sans dire que jamais un client ne procède à ce type de calcul.
- Complexité de plus en plus forte pour la gestion du Back office (informatique, logistique) nécessitant des années d'investissements et des moyens humains très lourds. Il est vrai que Wal-Mart, dans ce domaine, a mis la barre technique très haute ;
- Difficulté à sortir des premières règles de la distribution de masse, car la taille de plus en plus grande des chaînes est disproportionnée avec les capacités de fabrication des fabricants moyens.
- La gestion « régionale » des magasins est difficile pour des sociétés référençant déjà des centaines de milliers de références ;
- Difficultés avec l'amont, car la concentration peut être un outil de progrès entre la « standardisation » et la diminution des coûts de production,

mais peut-être un frein au développement d'entreprise à vocation régionale.

Le temps de la redistribution des cartes

Si les hypermarchés et supermarchés qui étaient au début du XXIe siècle encore fréquentés en France par plus de 70 % de la population sont encore incontournables, on assiste, de plus en plus, à la poursuite de redistribution des cartes, certes, entre hypermarchés, supermarchés, mais aussi avec le concept maxi discompte et surtout, les nouveaux venus que sont les « Drives ». On peut rappeler que dans la guerre mondiale du commerce, il faut pouvoir combiner cinq atouts :

- Savoir faire sur des formats porteurs ;
- Une grande puissance financière ;
- La taille sur son marché domestique ;
- Une expérience réussie à l'international ;
- Une concurrence locale ou étrangère qui ne réagit pas trop.

Pour s'imposer, l'enseigne doit devenir réellement une marque. Il n'existe pas qu'un modèle unique de distribution ou de commerce. À côté de puissantes enseignes visant la taille mondiale, des enseignes « relookées » ou nouvelles et très spécialisées peuvent rapidement devenir de véritables marques.

La dé massification du marketing

Nous allons vivre une dé massification du marketing qui va laisser place à des micro-marchés appelant des offres très personnalisées, tout simplement parce que le consommateur redevient avant tout un client, un acheteur avisé et plus que jamais, conscient de ce qu'il veut et peut acheter. Partout en Europe on assiste à l'émergence plus ou moins affirmée d'une classe moyenne, typologie parfaite des clients recherchés par les concepts modernes de la distribution dite encore de « masse ». Mais on assiste aussi à une évolution vers la standardisation des goûts des consommateurs qui n'empêchent pas, Dieu merci, l'individualisation des envies.

Sans savoir s'il s'agit d'un bien ou d'un mal, ce phénomène naturellement induit par les grands fournisseurs internationaux, avec force et talent, a l'objectif d'implanter leurs marques sur de nouveaux marchés. Les produits du monde entier peuvent se donner rendez-vous en un même lieu, en même temps et pratiquement sans surcoût, simplement parce que sur notre planète les performances des transporteurs (air, terre, mer) sont exceptionnelles et font que le coût du transport n'influe plus que d'une manière relative dans la constitution du prix de vente.

Que le consommateur redécouvre les joies et la raison d'être « client », il faut s'en féliciter, car ce constat marque la fin de la distribution de masse telle que définie il y a plus d'une vingtaine d'années sur fond de guerre des prix. Il faut même s'en réjouir, car l'ennui naquit un jour de l'uniformité. Or nos « usines à vendre » devenaient des mornes plaines se ressemblant à s'y méprendre. En 1976 était publié aux Presses Universitaires un livre « Distribution, nouvelle industrie » (cf. bibliographie). Il serait opportun de réaliser aujourd'hui un autre livre titré « Distributeur, nouveau commerçant ». Ce slogan a été pris par Jean-Claude Jaunait pour Système U.

« Mondialisation et globalisation : des grandes peurs aux grandes espérances »

Il y a quarante-cinq ans, les entreprises du commerce intégré, capitaliste ou coopératif, étaient régionales et, pour les plus en vue, transrégionales. Il y a trente ans, elles se voulaient multirégionales. Il y a vingt-cinq ans, elles commençaient par lancer des têtes de pont hors Hexagone devenant transnationales.

Depuis une vingtaine d'années, elles se veulent très souvent internationales. Depuis plus de 15 ans, pour ces mêmes entreprises rescapées du maelström, qui a balayé le commerce de France (heureux, ceux qui ont survécu aux trente glorieuses) leur avenir est à la mondialisation et à la globalisation. Deux questions se posent alors :

- Pourquoi vouloir coûte que coûte accéder au rang des très grands distributeurs mondiaux ?
- Quelle est la limite de ce fameux seuil de « respectabilité », de ce droit d'entrée fixé, il y a encore cinq ans, à des sommes que la pudeur nous interdit de citer.

Non seulement, selon les grandes puissances du commerce et de la distribution : il importe de réaliser un chiffre d'affaires, des plus respectables mais, de surcroît, il faut pouvoir disposer de plusieurs formats de magasins tels ceux cités plus haut.

Enfin, ajoutons une troisième réflexion : ces périmètres de respectabilité ne sont-ils pas construits sur des « sables mouvants » que sont, semble-t-il, ces pays émergents hier encore tellement recherchés ? Ces pays sont par nature à risque, ils ne peuvent garantir aux opérateurs du commerce mondial un retour immédiat et substantiel de leurs investissements. Il existe de plus en plus souvent un décalage important entre le temps des semailles et celui de la récolte.

Les opérateurs du commerce, en recherche de mondialisation et de globalisation, savent - sans trop le dire - que leurs investissements représentent un formidable pari sur l'avenir ou, pour le moins, sur le moyen terme. Mais après tout, qui dit qu'à cause, du foncier et des différentes contraintes réglementaires, un hypermarché créé en France de toutes pièces, à l'orée des années 2000, ne va pas mettre plus de temps à être rentabilisé qu'en Asie ou en Amérique du Sud. Où trouve-t-on le meilleur « return » ? Là est toute la question.

On voit bien que le point commun à ces évolutions est la recherche d'une rentabilité améliorée nécessaire pour développer les capitaux destinés à renforcer les fonds propres des entreprises en voie de développement rapide. Surtout, si ces capitaux sont apportés par des fonds de pension, dont les exigences en matière de résultats tant rapides que performants sont bien connues.

La contrepartie négative de ces comportements n'est-elle pas le risque de voir les entreprises les plus importantes du commerce compromettre leur avenir en privilégiant abusivement le court terme ?

Le grand Monopoly du commerce mondial va certainement laisser place, en Europe et en France, à la montée en puissance d'une nouvelle « classe moyenne » du commerce qui ne fera pas partie du commerce intégré dont la vocation « plus » boursière est davantage affirmée.

On peut être assuré que les rapprochements à l'échelle européenne voire mondiale vont s'étendre dans les années à venir affectant, non seulement les grandes enseignes à dominante alimentaires, mais tout autant les chaînes spécialisées à forte image de marque dans le domaine du non alimentaire. L'Europe des enseignes va sans doute continuer à se construire. Elle ouvrira ses portes, par le système de la franchise et de l'association, à un nombre croissant de commerçants indépendants et ambitieux.

Mondialisation oui, mais qu'exporter ?

Quel concept, quel format convient-il d'exporter ? L'hypermarché est encore considéré comme le meilleur format de la distribution alimentaire au monde. Il reste le concept le plus privilégié. Sur les marchés émergents, les consommateurs n'ayant aucune connaissance préalable de ce type de magasin, s'y adaptent immédiatement très bien. Fait admis par ses promoteurs, il doit rester très flexible en adaptant contenu et contenant, c'est-à-dire les offres produit et le format-magasin certes aux habitudes locales, comme à l'environnement général et, bien sûr, aux réglementations en vigueur.

Le supermarché apparaît mieux qu'un brillant second. Y compris en Europe, il connaît un regain d'activité auprès d'un nombre croissant de consommateurs privilégiant de plus en plus le confort d'achat au prix bas, d'autant que les écarts de prix entre lui et son concurrent ne sont plus du tout ce qu'ils étaient hier : au minimum 20 %.

Le maxi discompte, lui aussi, phénomène remontant aux années 1960 se rencontre surtout localisé en Europe, pour le moins dans sa conception originelle, c'est-à-dire allemande, Il demeure un concept parfaitement exportable, ayant notamment de fortes chances de connaître un réel intérêt dans les pays émergents.

Le *cash & carry* peut être également un concept très estimé dans ces mêmes pays, tout comme d'ailleurs le drive.

Pour les distributeurs en quête de mondialisation, il convient de mettre le bon outil au bon endroit, autrement dit savoir exporter le bon format. C'est pourquoi ce sont les groupes de distribution maîtrisant avec succès plusieurs formats ou spécificités de magasins qui ont les meilleures chances de trouver dans leur palette d'offre : le concept qui convient pour le pays qu'ils ont choisi. Le meilleur est celui qui va créer le plus de valeur sur le marché auquel il est destiné. Autrement dit, il faut un concept qui permette une différenciation immédiate des autres formes de concurrence.

Dans le domaine de la mondialisation du commerce, les plus importants distributeurs enregistrent bien évidemment les plus fortes croissances car le succès appelle le succès. Il y a alors un effet de levier conséquent. Pourquoi ?

- Ces « masters » détiennent d'importantes capacités complémentaires ;
- Les prises de risque restent, à leur échelle, minimes, ce qui permet d'oser là où d'autres renoncent ;
- Ces grandes entreprises bénéficient d'économies d'échelles dans différents domaines, soit : répartition améliorée de certains coûts fixes, mise en place de méga bases de données consommateurs, position de force pour négocier les conditions de référencement et d'achat avec les fournisseurs ;
- Capacité à trouver et à fidéliser des collaborateurs de haut niveau, donc de classe internationale.

Un fait, dans tous les cas, demeure. Si la dimension de l'entreprise est déterminante pour réussir son internationalisation, encore faut-il qu'elle dispose dans son pays d'origine d'un socle solide qui d'évidence va servir de tremplin à ses activités internationales. Une erreur grave de stratégie consisterait à abandonner progressivement, pour cause d'internationalisation, le développement de ses activités domestiques. Celui-ci passe par la recherche de nouveaux créneaux, voire par des acquisitions au niveau national. Le savoir-faire de l'entreprise doit non seulement rester intact mais se diversifier et s'apprécier. Consolider la fiabilité et la renommée de l'enseigne hors de ses frontières passe par l'amélioration de sa présence et de son dynamisme dans son pays d'origine.

L'affrontement États-Unis Europe

Carrefour, sans doute parce que numéro deux mondial du commerce, mais aussi comme d'autres grandes enseignes françaises regroupées au sein de la FCD (Fédération des entreprises du commerce et de la distribution), n'hésite pas au sein au sein de cette association à parler d'affrontement Etats-Unis-Europe : « *Au point que, même pour les partisans convaincus du libéralisme et de ses bienfaits, les relations économiques entre l'Europe et les USA apparaissent comme un combat concurrentiel. Les phénomènes qui se déroulent dans le monde au plan économique, social, culturel, sont devenus interdépendants* ».

De fait, qui le contesterait ; le modèle américain s'étend à la planète entière, qu'il s'agisse de normes comptables, du langage Internet, des méthodes de gestion des entreprises ou de l'industrie du cinéma. La menace d'une hégémonie américaine est fortement ressentie au sein de (OMC) l'Organisation Mondiale du Commerce. Le nombre de contentieux entre l'Europe et les Etats-Unis augmente dans le domaine alimentaire. Les Etats-Unis exigent que les viandes aux hormones puissent pénétrer sur le territoire européen ; l'Europe s'y oppose. Les Etats-Unis veulent exporter librement les plantes génétiquement modifiées ; l'Europe s'y oppose. On ne sait rien des risques que ces OGM peuvent receler.

Le contrôle des semences génétiquement modifiées est le moyen, pour les entreprises américaines, de s'assurer une suprématie planétaire dans le domaine agricole (Ce cheval de bataille de Carrefour était en son temps d'ailleurs très apprécié de José Bové, ce célèbre homme politique altermondialiste. Quand ces contentieux mettent en jeu la santé des consommateurs les distributeurs s'inscrivent nécessairement dans la défense des intérêts européens, comme lors d'une célèbre réunion de l'OMC à Seattle (Office mondial du commerce).

L'affrontement entre puissances économiques se traduit par la constitution de groupes mondiaux dans tous les secteurs. Cette mondialisation permet l'élargissement au plan mondial des marchés des entreprises du commerce et de l'industrie. Le décloisonnement des frontières commerciales entraîne une concurrence mondiale qui implique pour toutes les entreprises de grandir sous peine de se trouver marginalisées ou à la merci de prédateurs étrangers.

L'euro et le commerce électronique ont fait de l'Europe un territoire de conquête rapide, comme ils permettent aux entreprises européennes d'échanger plus facilement avec le reste du monde.

Cette mondialisation reste inéluctable, ce qui implique des entreprises françaises et européennes fortes, puissantes sur leur marché interne, capables d'affronter par leur taille les entreprises extra-européennes qui se concentrent dans le monde. L'autonomie des entreprises de distribution et des entreprises industrielles est indispensable pour que la France et l'Europe soient représentées dans la nouvelle économie globale.

La globalisation mais encore ?

En reprenant le contrôle absolu des Comptoirs Modernes, alors qu'il n'en détenait que 22 %, Carrefour, en son temps, 1998, a clairement manifesté son désir de ne plus rester cantonné sur une stratégie mono format : l'hypermarché. Par la suite le rapprochement avec Promodès a confirmé spectaculairement ce changement de cap. Ainsi la globalisation du commerce est depuis longtemps une réalité. Elle s'accélère. En France, comme dans tous les pays européens, les contraintes urbanistiques (saturation urbaine), financières (coût des terrains) ou législatives limitent le développement des chaînes de distribution, les conduisant inéluctablement à chercher leur développement hors de nos frontières. La globalisation du commerce prend essentiellement trois formes :

- Constitution de groupes multi enseignes/multi pays ;
- Développement international de concepts standard ;
- Développement international des formules de magasins avec forte adaptation locale.

À titre d'exemple, pour illustrer la constitution de groupes multi enseignes/multi pays, on peut citer :

- Kingfisher, d'origine britannique et dont les activités principales sont l'électrodomestique, le bricolage, les magasins populaires et la droguerie ;
- Métro, d'origine allemande dont les activités principales sont le *cash & carry*, les grands magasins, l'électrodomestique, le bricolage et les hyper ;
- Ahold, le Néerlandais, qui développe des supermarchés et des supérettes et demain une certaine forme d'hypermarché ;
- Delhaize, le Belge, qui détient des supermarchés, des *cash & carry*, des supérettes.

Le développement international de concept standard est un des modes d'expansion des distributeurs qui consiste à construire et à exporter de façon rigoureuse et constante un concept très fort ciblé sur un segment de clientèle présent dans tous les pays.

Ainsi :

- L'enseigne Gap, d'origine américaine, qui se développe dans l'habillement ;
- Le Suédois Ikéa, spécialiste du meuble ;
- Le Suédois H&M dans l'habillement ;
- Toy'R'Us (USA) dans les jouets ;
- Zara (Espagne) dans l'habillement ;
- Mango (Espagne) dans l'habillement ;
- Aldi (Allemagne) dans le maxi discompte ;
- Ou encore dans la restauration le célèbre McDonald's, l'Américain.

Dans le domaine du développement international de concepts de magasins avec forte adaptation locale, on peut remarquer que les hypermarchés européens (Carrefour, Promodès, Auchan, Métro, Géant Casino), sont les meilleurs exemples de stratégie d'adaptation dans l'exportation des concepts. Leur efficacité réside dans la capacité à traiter des marchés de masse en même temps qu'ils adaptent de façon très pragmatique leurs assortiments et leurs services aux contextes locaux : adéquation aux mœurs alimentaires ou aux goûts en matière d'habillement, aux horaires. Le professionnalisme des équipes marie des savoirs faire locaux et une culture commune fondée sur la satisfaction du client.

Pour la distribution (comme pour la banque, l'automobile ou l'industrie agroalimentaire), la capacité à exporter dépend de la force de l'entreprise sur son marché d'origine. Il n'est pas superflu de le dire et de le redire.

Commerce : la domination américaine

Sur les quarante premiers groupes de distribution mondiaux, on compte quinze américains. Plus puissants que les Européens, ils sont, toutefois, moins internationaux aujourd'hui et, pour maintenir une forte croissance globale, ils doivent s'internationaliser à marche forcée. Les enseignes américaines diffusent, par leur concept de magasin, un code culturel unique, transnational, sur la façon de se nourrir et de vivre. On peut s'en inquiéter dans la mesure où ce « phénomène » peut entraîner ainsi une standardisation des consommations européennes, donc des productions fondées sur le modèle américain.

Pour que la France et l'Europe résistent à la pression américaine, il faut, aux côtés des PME et des agriculteurs, des partenaires distributeurs forts pour défendre les valeurs des consommateurs français et européens, leur mode de vie, le libre choix de leur consommation, de leur culture.

Wal-Mart est par excellence « l'ennemi » qui nous vient de l'ouest. Pour la distribution alimentaire européenne, la menace étrangère s'est précisée en 1997 avec l'arrivée en Allemagne de cette enseigne. L'ampleur de ses moyens financiers, en fait un acheteur potentiel de toute enseigne de distribution européenne. Wal-Mart a, depuis 1997, fait trois acquisitions d'entreprise de distribution en Europe : les 21 hypermarchés Wertkauf U (1997) en Allemagne, les 74 hypermarchés Insterspar, toujours en Allemagne en 1998 et, pour finir, les 229 supermarchés du britannique Asda en 1999.

Incontestablement, Wal-Mart a cherché à imposer en Europe un nouveau style de vente. Sa stratégie vise à favoriser les industriels, notamment américains, pouvant fonctionner en réseau avec lui, disposant d'une informatique performante, capable de partager leurs connaissances avec d'autres fournisseurs dans le cadre du « category management » et de livrer les magasins dans des délais très courts à des prix très tirés. Après son entrée en Allemagne et en Angleterre, Wal-Mart y a initié une guerre des prix et une réduction des assortiments qui favorise les grandes marques (Wal-Mart entretient avec les grandes marques américaines des accords de partenariat poussés).

Le point sur la concentration du commerce en Europe

Il importe de rappeler une fois encore combien depuis plus de cinquante ans, et plus particulièrement depuis vingt ans, il y a eu accélération des rapprochements. Mais, s'il y a concentration dans chaque typologie de magasin, il y a simultanément une variété de plus en plus marquée des concepts marchands ; soyons rassurés, le commerce n'est aucunement menacé par l'uniformité.

La diversité du commerce alimentaire est particulièrement notoire en France. Aux épiciers d'autrefois, aux marchés forains et aux spécialistes des produits frais, aux magasins populaires comme Marks & Spencer ou Monoprix, se rajoutèrent : supérettes, supermarchés, hypermarchés puis maxidiscomptes, magasins de surgelés « convenience stores » des stations-services, fast-food avec vente à emporter et commandes par Internet. Faut-il craindre que cette éventuelle pléthore d'offres génère des « vagues » de rapprochements ?

Assurément non, disent nos grandes enseignes françaises et plus particulièrement Carrefour. De surcroît, les effets des rapprochements sont globalement positifs. On constate, en premier lieu, une dynamique évidente aux retombées économiques indéniables. La taille des distributeurs joue de manière forte en faveur de la diversité des choix des produits pour les consommateurs. La qualité commerciale des grands groupes, et leur compétitivité permettent des prix accessibles à tous.

Elles favorisent ainsi la démocratisation de nombreuses consommations et la croissance de la consommation globale. Les grands groupes ont les moyens d'investir dans la recherche pour améliorer la qualité des produits, leur sécurité et développer l'innovation.

Force est de reconnaître que Carrefour est bien souvent en pointe dans ce domaine, tant en France qu'en Europe. Les grands groupes avaient le devoir et les moyens d'une position éthique et d'une attitude citoyenne. Construire une position éthique implique une volonté, une vision à très long terme, des moyens humains et matériels, une force de conviction, une sérénité devant l'avenir dont disposent plus facilement les grands distributeurs.

Lorsque les distributeurs ont une force égale à celle des grands industriels, ils peuvent soutenir les PME et maintenir l'équilibre entre celles-ci et les multinationales. Pourquoi ? Simplement parce qu'un grand groupe de distribution a les moyens de proposer un large assortiment de grandes marques de fabricants mais aussi de mettre au point et soutenir publicitairement des marques propres, sophistiquées ; ces marques propres sont développées à plus de 70 % avec des PME. Un distributeur de petite taille doit attirer les consommateurs par des marques de fabricant de grande notoriété et n'a pas, de ce fait, les moyens de construire avec les PME une gamme de produits à marque propre de haute qualité.

À côté d'une dynamique positive évidente, les effets des rapprochements présentent d'indéniables avantages partagés. Le rapprochement entre les groupes se fait en partie sur leur potentiel d'achat, c'est-à-dire leur capacité à obtenir de meilleurs prix des fabricants. Ces derniers craignent des excès de pouvoir de la distribution. La réalité économique est en fait sainement gérée. Derrière les prix consentis par les plus grands fabricants aux distributeurs, il y a les bénéfices économiques qu'ils en tirent eux-mêmes (compétitivité, gains logistiques, mise en avant de gammes toujours plus larges, suivi du marché au jour le jour).

Rappelons que les taux de marge nets des grands groupes industriels sont très supérieurs à ceux de la distribution, ce qui, certes, n'est pas nouveau. Des rapprochements accélérés n'engendrent pas les craintes des partenaires de la distribution. Encore que, certains états ou régions d'Europe peuvent craindre l'hégémonie d'un distributeur « étranger » si tant était qu'en imposant ses produits, il contribuerait au déficit de la balance commerciale et ainsi sans doute à des pertes d'emplois. Il faut remarquer que la logique de la distribution alimentaire « à l'Européenne » conduit à s'adapter dans chaque pays aux productions locales ; Carrefour et Promodès démontrent la force de cette adaptation dans toute l'Europe, en Asie, en Amérique du Sud. À une échelle moindre tel est le cas d'Auchan et même d'Intermarché.

Les PME pourraient s'inquiéter de la puissance de ces nouveaux groupes. Là encore, on peut prouver assez aisément : la pérennité, les succès communs des partenariats entre distributeurs et PME. Chaque grande enseigne française peut à raison se montrer prolixe sur le sujet.

Il est souvent pensé et exprimé que les agriculteurs peuvent redouter une pression croissante sur les prix et la perte de leur indépendance face à des groupes « intégrateurs ». En fait, les distributeurs peuvent contractualiser leurs relations avec les agriculteurs en leur permettant au contraire d'échapper aux pires effets des surproductions et des variations de cours.

« L'incidence du e-commerce sur les nouvelles donnes du commerce »

Alors que l'intranet et l'extranet sont plutôt réservés aux relations, entreprise à entreprise, *business to business*, l'Internet apparaît par excellence comme le support du commerce électronique, entreprise à particulier B to C (business to consumer). Il y a quelques années, la chambre de commerce et d'industrie de Paris avait publié, sous la plume d'Eric Hayat, une communication fort intéressante sur « les enjeux électroniques des échanges et du commerce électronique pour les entreprises ». Le rapporteur soulevait alors de nombreuses questions et inquiétudes que nous reprenons :

- Quelle sera l'influence de ces nouveaux médias transactionnels sur les comportements, attitudes du consommateur, relations vendeur-acheteur, stratégie et politique commerciale, mise en place de nouveaux modèles de promotion commerciale, approche marketing entièrement repensée sur un modèle « one to one », réactivité accrue, organisation des circuits logistiques, etc. ?
- Quelle sera l'influence de ces nouveaux circuits de vente sur les habitudes de vie quotidienne : obligation déclarative électronique, nomadisme accru chez les consommateurs « caméléon » ?
- Quel sera l'impact du développement du commerce électronique sur l'organisation des entreprises et des différents maillons de la chaîne de vente : conception et diffusion des produits, rapport à la concurrence, émergence de nouveaux services à valeur ajoutée, etc. ? Par ailleurs, le commerce électronique ne se limite pas à la relation établie entre une entreprise et un consommateur ni même au

seul acte d'achat. Un site de vente en ligne peut être utilisé pour offrir un service d'avant ou d'après vente qui peut n'être lié que très indirectement à l'acte d'achat proprement dit.

Plus fondamentalement et sociologiquement, certains se demandent si l'on n'assiste pas aux prémisses d'un véritable bouleversement des relations commerciales quotidiennes analogues à l'apparition de la grande distribution dans les années 60. Des emplois seront créés dans certains secteurs, d'autres seront détruits par ailleurs avec pour corollaire une véritable redistribution des rôles pour les acteurs.

Entendu par le conseil Economique et Social lors de la préparation du rapport de Charles Urbain « Quel commerce demain ? », Jérôme Bédier, alors le président de la FCD (Fédération des entreprises du Commerce et de la Distribution) exprimait le point de vue suivant : « *N'oublions pas que la grande distribution en France "pèse" 600 000 emplois. Je reste très concerné par l'évolution de cette nouvelle forme de commerce qu'est le e-commerce. Pour qu'il se développe, le commerce en ligne doit d'abord apporter une véritable valeur ajoutée commerciale. Quatre points sensibles doivent ainsi être surmontés :*

- *Il faut que la vente sur le Web soit une occasion d'élargir l'assortiment des distributeurs ;*
- *La qualité de l'information donnée sur les produits doit être réelle ;*
- *Les sites doivent être pratiques et faire gagner du temps au cyber-acteur ;*
- *La réflexion sur le positionnement pris est fondamentale.* »

Et Jérôme Bédier rappelait également à cette époque : « *S'il y a un nouveau format de vente, ce n'est pas pour autant qu'il convient de mettre en place de nouvelles taxes. Il faut utiliser au maximum les règles actuelles comme la directive européenne du 12 mai 1997 sur la vente à distance. Le commerce n'a pas besoin d'un nouveau droit du commerce électronique* ».

Francis Lorentz, a été l'auteur d'un rapport qui, en son temps (janvier 1998), défrayait la chronique ; il titrait : « *Le commerce électronique, une nouvelle donne pour les consommateurs, les entreprises, les citoyens et les pouvoirs publics* ». Il rappelait que le commerce électronique n'était pas uniquement lié à Internet et soulignait que le phénomène n'était pas nouveau, que les échanges inter-entreprises s'étaient largement développés depuis plus de dix ans sous la forme de l'EDI et que les ventes au détail des services et accessoirement des produits avaient également connu un certain essor en France grâce au minitel.

Le commerçant électronique... mais encore

Naît-on ? Ou, devient-on ? : Commerçant électronique. Au fait, qu'est-ce qu'un commerçant électronique ? Il s'agit d'un intermédiaire qui optimise l'adéquation entre l'offre (les commerçants « classiques », les industriels et leur force de vente, les sociétés de services...) et la demande (les clients, qu'ils soient particuliers ou professionnels...) en utilisant les fonctionnalités d'un support « on line ». Un commerçant électronique, bien entendu déploie et exploite des systèmes télé-informatiques. L'essentiel cependant de sa fonction est de gérer un nouvel espace commercial hébergé par ces systèmes en animant les ventes, en attirant les chalands, en gérant les transactions, en supervisant les livraisons et, pourquoi pas ? : Parfois même les fabrications. Le commerçant électronique ne se limite pas à la seule mise en œuvre de solutions techniques, il va plus loin et se doit de créer ainsi une véritable valeur ajoutée de médiateurs. Contrairement à une idée reçue, ceux qui maîtrisent le mieux la vente à distance ne vont pas nécessairement être les acteurs qui domineront les marchés de demain

Pourquoi commercer électroniquement ?

Le développement du commerce électronique dans notre pays dépend des réponses apportées à la question : pourquoi commercer électroniquement ? D'aucuns diront : il faut prendre le train en marche et le faire avant les autres. En fait six raisons militent en faveur du commerce électronique :

- Le commerce électronique constitue une voie nouvelle et un canal supplémentaire de distribution ;
- Il permet de réduire les intermédiaires ;
- Il bénéficie au consommateur. Ces derniers sont également sensibles à plusieurs facteurs :
    - La vitesse des transactions et la livraison quasi immédiate des produits numérisables ;
    - Le côté ludique et multimédia de l'offre ;
    - Le fait de pouvoir tout trouver et comparer en une unité de lieu et de temps ;
    - La possibilité d'opérer leurs achats depuis leur domicile, leur bureau ou en déplacement ;
    - L'ouverture des magasins 7j/7, 24h/24, 365 jours par an ;
    - L'interactivité (demande de renseignements complémentaires, commentaires, aide, etc.) ;
    - Le renouvellement de l'offre et le merchandising électronique (offre promotionnelle).

- Le commerce électronique est une occasion de promotions sans égal pour les petites structures (PME/PMI, petits commerces opérant sur certains secteurs de marché) ;
- Les risques du commerce électronique sont de plus en plus limités ;
- En matière de commerce électronique, les entreprises françaises possèdent d'indéniables avantages compétitifs. Laisser vivre et se développer le commerce électronique implique de mettre en place des garanties fortes pour les consommateurs, de supprimer certains verrous et de ne pas mettre en place des lois qui auraient pour effet d'entraver son essor.
- On ne peut à la fois admettre cette nouvelle forme de concurrence à laquelle devra faire face le magasin et empêcher celui-ci de s'exprimer librement. Parce que nous nous orientons vers un commerce pluriel, il convient de permettre à chacun des opérateurs, en luttant avec ses propres armes, de conserver toutes ses chances.

« Quels rôles pour le commerce en ces débuts du XXIe siècle ? »

Le devoir de sécurité : la grande priorité

Alain Thieffry, en son temps, directeur général marketing Europe de Carrefour, était devenu un expert reconnu en analyse des consommations des citoyens européens. Il a commencé par battre en brèche une idée couramment reçue sur le consommateur européen :

« En France comme en Europe, il n'y a pas d'uniformisation des pratiques des consommations alimentaires. Les niveaux de consommation et la structure

des consommations demeurent très variés. » Effectivement, le niveau de la consommation en Europe ne cesse de croître ; les pays les moins riches tendent à rattraper les plus développés, mais de profondes inégalités persistent. Les dépenses alimentaires sont plus « égalitaires » que les dépenses globales. C'est le premier poste de « rattrapage » pour les pays les moins riches. Les habitudes alimentaires restent très variées d'un pays à l'autre.

La distribution française a fortement contribué à la démocratisation de la consommation grâce à des niveaux de prix qui rendent les produits accessibles au plus grand nombre. Le discount, reconnaissons-le, redistribue du pouvoir d'achat.

Le maintien des goûts traditionnels locaux se conjugue avec une curiosité croissante pour les cuisines voisines ou lointaines. L'alimentation fait partie des cultures les plus ancrées dans l'histoire et la géographie. Quatre tendances se superposent aujourd'hui :

- Le maintien de traditions locales ou régionales très marqué dans chaque pays ;
- L'adoption dans un même pays d'habitudes d'autres régions ;
- L'adoption de traditions alimentaires des pays voisins en Europe ;
- L'adoption de cuisines « exotiques » venues de tous les pays du monde ; une place à part doit être réservée à l'adoption par les jeunes de mœurs alimentaires venues des Etats-Unis (céréales au petit-déjeuner, boissons à base de cola, hamburger).

Les différences alimentaires les plus marquées se constatent entre le Nord et le Sud de l'Europe. Les produits du Sud se diffusent vers le Nord (pizzas, riz, mouton, pâtes, huile d'olive...) tandis que les manières de manger du nord se diffusent vers le sud (grignotage, sandwichs fast-food, utilisations des surgelés). La rencontre des deux tendances donne en France du fast-food spécialisé dans la cuisine italienne.

Pour satisfaire les consommateurs, les distributeurs alimentaires doivent offrir de plus en plus de choix, respecter, promouvoir les traditions alimentaires locales et satisfaire les goûts les plus exotiques. Le nombre de produits alimentaires offerts à leurs clients par les hypermarchés ne cesse de croître. Ainsi, pour Carrefour comme pour Promodès, le nombre de références alimentaires est passé en dix ans de 7 000 à 14 000. Il est vrai, poursuit Alain Thieffry en reprenant une récente communication, que :

« *La mondialisation crée une inquiétude diffuse chez de nombreux citoyens : la modernité induit un sentiment de "perte du sens de l'existence" ; les consommateurs réagissent en attribuant plus de valeur à leur terroir et à leurs racines.* »

Les consommateurs veulent de plus en plus des produits rappelant un âge d'or rassurant et chaleureux. Quand leur identité est moins fondée sur la nation, elle l'est plus sur leur terroir, leur région. Le patrimoine alimentaire local redevient un repère important à côté des langues ou des musiques traditionnelles. « Age d'or » et terroir sont de surcroît synonymes de qualité.

Il est du rôle naturel des distributeurs de répondre à des demandes de réassurance. La mondialisation fascine et inquiète à la fois, crée aussi de nouveaux besoins d'ouverture, de découverte et d'information. Les distributeurs ont un rôle à jouer pour faire connaître les habitudes culinaires des autres régions d'Europe et de tous les coins du monde. Dans le même temps, la distribution française permet d'exporter hors de nos frontières un certain art de vivre « à la française ».

L'écologie, naguère valeur militante d'un petit nombre tend à devenir une idéologie de masse plus diffuse, transversale, aux clivages politiques traditionnels. Tout concourt à prévoir une influence forte de l'écologie dans les pratiques et les économies du XXIe siècle. Les consommateurs revalorisent la nature et le naturel dans les produits. Ils sont de plus en plus sensibles au thème de la pollution. Leurs motivations écologiques sont exacerbées par les innombrables crises de ces dernières années (vache folle, dioxine). Là encore les distributeurs, perçus comme des institutions sociales en plus de leur rôle marchand doivent précéder la demande des consommateurs.

La santé, dans son acception la plus large, devient une valeur centrale des individus. Elle est l'exigence première, les produits ne doivent pas rendre malade, c'est affaire de sécurité alimentaire. Les consommateurs demandent que les produits alimentaires contribuent à l'entretien préventif de la santé (produits allégés, eaux minérales, plus généralement « alicaments »). La recherche de la « forme » est la phase supérieure de cette exigence avec la demande d'apports en vitamines, minéraux, métaux nécessaires à l'obtention d'un « maximum » physique. L'innovation doit rester au service du mieux-vivre. Les consommateurs veulent bénéficier des innovations technologiques pour gagner du temps, se former, communiquer, se distraire.

La politique de recherche de la qualité menée par les distributeurs les place en pointe dans la lutte pour la santé et la sécurité des consommateurs (nourriture des animaux d'élevage sans farines animales, chasse aux OGM par exemple). Les consommateurs attendent de la distribution qu'elle les défende, qu'elle soit leur porte-drapeau en transmettant leurs exigences aux agriculteurs et aux industriels.

Pour conclure cette réflexion sur les évolutions des consommations des Européens et sur leur droit à la sécurité, on peut dire que les clients européens sont de plus en plus « multi facettes ». Selon le baromètre Cofremca (Jean-Pierre Fourcat), « *Aujourd'hui nous ne sommes plus dans la logique du "ou mais" mais du "oui et".* » Pour les clients, toujours selon la Cofremca, trois grandes attitudes aux implications nombreuses sur la consommation s'affirment de plus en plus sur l'ensemble du vieux continent :

- La revendication d'être à la fois rationnel et émotionnel ;
- Le désir de développer l'autonomie personnelle mais sans perdre le contact avec la notion de partage, voire de solidarité collectivité ;
- La planétarisation et la recherche d'une identité personnelle (culturelle ou régionale).

Le consommateur veut avoir à la fois la qualité et les prix, ce qui a toujours été le cas, mais aussi la possibilité d'exercer des choix rationnels ayant une dimension affective ou émotionnelle. Dans cette optique, on comprend par exemple que 38 % des Allemands, 42 % des Français et déjà 45 % des Américains déclarent acheter des produits réalisés par des entreprises soucieuses du respect de l'environnement. La relation à la nature est une émotion humaine fondamentale et durable que le marketing ne cesse de redécouvrir et d'exploiter et de... suggérer. Partout en Europe utiliser ces registres dans les cas qui le justifient est un moyen de prévenir le manque de fidélité du consommateur à la marque, une attitude de « zappage » observable en France aussi bien qu'en Allemagne ou en

Angleterre. L'ouverture des marchés multiplie les stimulations et les sollicitations, un effet de masse qu'il n'est pas facile de gérer.

Le rôle économique et social de la distribution

Internet il, inexorablement, le monde vers une économie self-service sans frontières ? Philippe Lemoine, en son temps, président-directeur général de LaSer et coprésident du groupe Galeries Lafayette, a, sur la question, répondu lors d'une audition devant une section du Conseil Economique et Social (rapport Charles Urbain « Quel commerce demain »). Selon ses propos, si on décrypte l'essor du commerce électronique d'une certaine façon :

- Les consommateurs seraient promis à acheter de plus en plus seuls « on line » en cliquant sur un écran comme on attrape des boîtes sur un linéaire ;
- Le discount et la compétition par les prix se généraliseraient et se mondialiseraient au fur et à mesure que les technologies sophistiquées de moteurs de recherche et agents intelligents permettraient de balayer et de comparer tous les sites en un éclair ;
- L'automatisation et les suppressions d'emplois s'imposeraient alors, d'autant plus que les réseaux faciliteraient une « désintermédiatisation » avec vente directe des industriels aux particuliers.

À lire les propos de Philippe Lemoine, on peut toutefois se demander si cette vision est avérée si elle est réaliste. Philippe Lemoine a d'ailleurs été plus loin : « *Le commerce va-t-il être une nouvelle sidérurgie avec un nouveau pan de travail venant s'affaisser et amplifier la montée du chômage ? On peut imaginer le cercle vicieux qui amènerait le commerce "réel" (le commerce en magasin) à faire de plus en plus de productivité pour se prémunir des avancées de compétitivité dont bénéficierait le commerce "virtuel" (le commerce électronique). La technologie serait alors mobilisée pour une substitution rapide du capital au travail en accroissant encore la logique de self-service qui anime la grande distribution. Le "self-scanning" illustrerait cette tendance en annonçant des magasins sans caissière. Ce scénario, poursuit Philippe Lemoine, n'est ni probable ni souhaitable. Il n'est toutefois pas exclu qu'il cristallise pendant un temps les réflexions, particulièrement en France. »*

Le commerce français se trouve dans une dynamique de création d'emplois aussi forte que celle se manifestant dans certains pays développés. Derrière une telle assertion, il y a deux hypothèses et un choix de méthode.

- La première hypothèse est que la technologie peut avoir des effets très différents sur l'emploi selon qu'elle vient amplifier une stratégie « productiviste » (où l'entreprise cherche à maximiser sa rentabilité par une pression sur le coût du seul facteur travail) ou qu'elle vient en relais d'une stratégie compétitive (où l'entreprise cherche à accroître ses débouchés par une combinaison plus efficiente de l'ensemble de ses facteurs de production).
- La seconde hypothèse est qu'un secteur comme le commerce a une vocation naturelle à s'inscrire dans un processus de création d'emplois au fur et à mesure que l'économie se développe et que la société s'enrichit ; chaque personne disposant de ressources plus importantes procède chaque année à un nombre croissant d'achats et de transactions commerciales. La mise en œuvre d'outils de productivité nouveaux est compatible avec un processus soutenu de création d'emplois.

Cette première réflexion sur le rôle économique et social de la distribution est étroitement liée au développement du e-commerce. Il faut se persuader que la distribution, acteur économique majeur, est soucieuse de préserver les grands équilibres humains et environnementaux. Il y va de son intérêt économique ; c'est aussi sa responsabilité sociale, son devoir de citoyenneté.

La distribution :

- S'engage en faveur de l'emploi, anticipe les mouvements de réduction du temps de travail, aide à l'insertion des jeunes par la formation ;
- Apporte son aide à des associations caritatives et humanitaires, contribue activement à la lutte contre l'exclusion ;
- Se mobilise durablement dans la défense de l'environnement et dans le contrôle de l'origine et des conditions de fabrication des produits à marque propre et des produits qu'elle importe (coût minimal des matières premières, non-travail des enfants...) ;
- Mène des actions de solidarité en faveur des jeunes, des chômeurs ;
- Participe avec les magasins de proximité au maintien des petits commerces en zone rurale.

L'engagement éthique de la distribution n'est pas une mode, il correspond à des convictions ancrées de longue date. Cet engagement prend une importance croissante quand la distribution devient un acteur économique et social majeur.

Qui en disconviendrait, la distribution, depuis des décennies, est un secteur constamment créateur d'emplois en solde net. Dans le même temps où les marchés traditionnels des petits commerces se sont réduits (mercerie, tissu, triperie, boucherie chevaline...), les hyper et supermarchés ont su développer leur chiffre d'affaires sur les marchés nouveaux : surgelés, plats préparés sous vide, produits exotiques ou diététiques, petits appareils électroménagers, informatique, téléphonie. Les exigences croissantes des consommateurs ont impliqué toujours plus de personnel dans les magasins, dans les services après-vente et les services de livraison à domicile.

Emplois nouveaux, certes, mais aussi diversité dans les emplois créés. Le travail à temps partiel, contrairement à une idée un peu trop complaisamment reçue, est plus souvent recherché qu'il n'est imposé. Les exigences des consommateurs, certes, imposent aux magasins des horaires larges avec des pointes de fréquentation horaire et journalière très marquées.

Pour répondre à cette demande, les magasins doivent employer des salariés à temps partiel. Le recours au temps partiel, dans les hypermarchés, ne concerne qu'un tiers des salariés, nettement moins que dans d'autres secteurs comme l'artisanat ou le tourisme.

Vers le modèle américain en matière de services ?

Christophe Baret (université de Lyon 3), Florence Jany-Castrice (université de Lille 1), Sébastien Seguin (division commerce à l'Insee) ont mené une très intéressante réflexion sur l'évolution des services dans le commerce en France.

Aux Etats-Unis, les grandes surfaces alimentaires emploient un personnel plus nombreux aux caisses et dans les rayons qu'en France. L'offre de service y est supérieure, les hypermarchés français ayant choisi de privilégier les prix bas. Deux ménages français sur trois souhaiteraient cependant trouver davantage de personnel dans leur magasin sans pour autant être prêts à payer ce service. Un ménage sur cinq souhaite que les magasins soient ouverts plus longtemps. La demande pour des services complémentaires, comme l'achat à distance, reste globalement limitée, mais trouve un écho favorable auprès des cadres et des familles aisées notamment.

Les magasins américains proposent davantage de services que leurs homologues français. Dans ce dessein, ils emploient davantage de personnel. A la fin du siècle dernier, vendre un même panier de biens dans le commerce de détail demandait 22 % d'heures de travail en plus aux Etats-Unis qu'en France·. Cet écart s'explique en partie par une offre supérieure de service des magasins américains qui à cet effet, mettent davantage de personnel à la disposition de la clientèle. Dans deux magasins américains étudiés et plus encore dans un « supercenter », le personnel est très instable à cause d'une relative pénurie de main-d'œuvre et d'image défavorable du commerce dans ce pays.

Les établissements qui maintiennent des niveaux de salaire bas comme le « supercenter » ne parviennent à recruter que du personnel instable, jeune et peu qualifié. De plus, les recrutements ne se font pas toujours avec un contrat de travail écrit, les salariés considérant pour la plupart le travail en grande surface comme un « petit boulot » peuvent quitter l'entreprise sans délai de préavis.

Quelle que soit la façon dont on aborde la comparaison entre l'emploi dans le commerce aux Etats-Unis et en France, on constate que le bilan en termes de service reste très nettement en faveur des Etats-Unis. Comparativement au constat fait aux Etats Unis, certains services très spécifiques sont absents des hypermarchés français : vente de billets de loto, de jetons de péage autoroute, paiement de factures d'eau et d'électricité (il est vrai qu'Outre Atlantique le prélèvement automatique n'est pas aussi répandu qu'en France).

À n'en point douter, les clients veulent en France plus que des prix allégés.

Le profil des hypermarchés français est lié à leur histoire : privilégiant dès leur début la concurrence par les prix - vis-à-vis du petit commerce et entre eux - ils ont cherché à comprimer au maximum les coûts afférents au chiffre d'affaires réalisé ; l'éventail des services offerts ne pouvait qu'en pâtir. Mais aujourd'hui les clients demandent plus que des petits prix. Deux ménages français sur trois souhaiteraient davantage de personnel dans leurs magasins, soit par exemple dans les rayons en libre-service pour les renseigner sur les produits ou sur leur emplacement ou aux caisses pour aider à l'emballage ou aller chercher les derniers articles oubliés. Mais attention, pour les consommateurs fréquentant l'hypermarché, « le prix » est un avantage définitivement acquis. Il est avéré qu'un consommateur fréquente avant tout un hypermarché ou un supermarché pour ses prix bas.

Comment offrir davantage de services au client en maintenant le positionnement originel de l'hypermarché ainsi résumé : « ***Difficile de trouver moins cher ailleurs* ».** La généralisation de nouveaux services se heurte à leur coût. Les gains de productivité actuellement réalisés dans le domaine de la logistique pourraient contribuer à limiter les augmentations de prix liées à leur développement. Néanmoins les consommateurs français devraient, comme les Américains, payer une bonne partie du supplément en services dont ils bénéficieraient dans la grande distribution alimentaire.

Enfin, rappelons que les consommateurs américains dépensent pour leurs achats environ 30 % de plus que les Français, selon l'OCDE. Ce surcroît de dépense permet de couvrir une partie des frais liés aux services supplémentaires. En outre, le coût du travail est plus bas aux Etats-Unis qu'en France, notamment en raison de la faiblesse des charges patronales et du plus bas niveau de salaire minimum. Comme les hypermarchés américains consacrent aux frais de personnel une part plus grande de leur chiffre d'affaires qu'en France, ils financent au total un volume d'heures de travail nettement supérieur à leurs homologues français.

Le grand commerce au cœur des grandes mutations

Depuis son apparition en France à la fin des années 40 (1948), le libre-service, au même titre que les autres formes du commerce, fait partie de la culture quotidienne des Français. Il garantit la liberté d'avoir accès à tout et d'exercer un choix personnel. Il y a, en moyenne, plus de dix millions de passages en caisse quotidiens dans notre pays. Pendant cette période de près d'un demi-siècle, les commerçants ont accompagné la vie des Français.

L'exode rural et les nouvelles urbanisations avec leurs réussites et leurs échecs, la révolution de l'automobile et des transports, le développement du nombre des produits et des services, leur diversification, leur délocalisation auront été des faits majeurs. Faits majeurs, certes, mais générateurs des conflits actuels. Les relations entre l'industrie et le commerce reviennent régulièrement sur le devant de la scène. En France, c'est un thème récurrent depuis le début du XXe siècle. L'ouverture des frontières et la concurrence internationale font du client commerçant le révélateur naturel de la difficulté du marché.

L'agriculture, notamment, affronte aujourd'hui une mutation qui l'oblige à être plus compétitive sur certaines productions de masse mais en même temps à mettre en œuvre une politique de différenciation, de segmentation et de valorisation des productions pour lesquelles le slogan syndical fédérateur du prix minimum n'a plus de sens.

Les commerces sont aussi naturellement mis en cause dans les évolutions de la société puisqu'ils en sont souvent un lieu de lecture. Ils sont au cœur des grandes mutations.

Pour Jérôme Bédier et François Malaterre, respectivement président et ancien délégué général de la FCD (Fédération des entreprises du Commerce et de la Distribution), le libre-service est devenu réellement une industrie. Une industrie qui doit continuer à accompagner la vie des Français demain comme aujourd'hui. Pour cela, précise la FCD, il faut :

- *« Rester fidèle aux valeurs qui ont fondé le développement de la consommation populaire ;*
- *Défendre la sécurité alimentaire, la variété et la diversité des produits et des fournisseurs ;*
- *Construire l'Europe et l'Euro ;*
- *Mieux informer les clients sur les produits et les services, leurs origines et leurs caractéristiques ;*
- *Assumer un rôle d'acteur social présent dans les évolutions de la société comme l'environnement ;*
- *Proposer des voies modernes de réflexion, de dialogue et de résolution de conflits avec les partenaires prêts à entrer dans cette voie ;*
- *Continuer à innover pour renouveler l'offre des produits et des services en permanence en utilisant Internet et la technologie ».*

La place des PME dans les GMS

En octobre 1999, « l'observatoire des relations PME/commerce » avait cherché à quantifier la place des petites et moyennes entreprises (PME) dans la distribution par rapport à celle des groupes français et étranger sur les trois segments : marques propres, MDD et Premiers Prix. Cette étude portait sur les rayons d'épicerie salée et sucrée, de liquides alcoolisés et non alcoolises, de droguerie, entretien et d'hygiène beauté, parfumerie, de frais libre-service et de surgelés, de bazar courant (c'est-à-dire hors équipements lourds et hors textile). Il s'agissait de produits industrialisés de grande consommation où la comparaison avec les groupes avait un sens réel. L'observatoire, qui avait confié la réalisation de cette étude à PHB Consultants et Panel International, a livré des informations objectives destinées à clarifier les débats d'hier et d'aujourd'hui.

Il se dégage de cette étude un certain nombre d'enseignements clés, soit :

Offre

- Les PME ont un large droit de cité dans les grandes et moyennes surfaces. En effet 64 % des fournisseurs référencés en PGC alimentaire et non alimentaire des GMS sont des PME ;
- Mais ces mêmes fournisseurs ne détiennent que 20 % des références présentes sur les linéaires, à peine plus que les MDD (19 %) mais moins que les groupes français (21 %) ou les groupes étrangers (37 %) ;
- 75 % des MDD sont cependant fabriqués par les PME françaises.

Vente

- Les PME françaises font 14,8 % du chiffre d'affaires (26 % en frais libre-service, 8 % en DPH) contrariées par la performance des groupes étrangers

(42 % du chiffre d'affaires) et leur moindre place en linéaire (13 % du linéaire pour les PME françaises) ;

- Le rendement des références des PME françaises (chiffre d'affaires sur linéaire) est le plus élevé : 13 % supérieur à la moyenne des produits.

Distribution

- Bon accueil des PME françaises en GMS ; en moyenne 36. 27 % des références mises en avant en linéaire proviennent des PME françaises.
- Mais, un bémol toutefois : la trop faible diffusion des petites PME françaises : 36 % sont représentées dans moins de 10 GMS.

Faiblesses

Deux gros écueils :

- 31 % des nouveaux produits et 46 % des innovations sont lancés par les PME françaises, mais ces dernières ne pèsent que 16 % des nouvelles références en GMS ;
- La place des PME françaises est de 25 % plus faible dans les familles à forte croissance en chiffre d'affaires, par exemple les céréales, chocolats, bières, les soins du corps, la panification fraîche... (les groupes étrangers y sont 30 % plus présents).

Mais des pistes porteuses

- L'Europe : le poids des PME françaises en GMS européennes est passé de 2 % à 4 % en deux ans ;
- Des familles de produits propices aux PME porteuses : le Bios, les condiments, les desserts, les jus de fruits, le traiteur, l'animalerie, les articles ména-

gers, la décoration, la papeterie, le sport, la parapharmacie, les produits d'hygiène corporelle, les désodorisants, etc. ;

- La saisonnalité : on note 1,6 fois plus de présence des PME françaises dans les familles de produits à pic saisonnier ;
- Le régionalisme : il existe 2 fois plus de présence des PME françaises dans les familles de produits typés régionalement ;
- Les promotions : là encore constat favorable sachant qu'il y a 10 % de présence supplémentaire des PME françaises dans l'offre promotionnelle par rapport à leur place en assortiment régulier ;
- Les MDD au vent portant : car, 125 références supplémentaires en MDD sont enregistrées par an dans les GMS, dont 90 venant des PME françaises.

De l'équilibre avant toute chose

La politique des distributeurs vis-à-vis des PME se fonde sur des faits économiques mais aussi, sur une vision de l'équilibre de la société. Dans les assortiments, un équilibre doit être recherché entre :

- La présence des grandes marques pour couvrir une demande massive de produits universels très connus des consommateurs ;
- La présence des marques nationales de PME ;
- La présence de petites marques locales ou régionale ;
- La présence de marques de distributeurs satisfaisant des besoins très variés garantis en qualité par les enseignes et moins chères que les marques internationales.

Pour les produits frais alimentaires, les marques sont souvent inexistantes et la production atomisée.

Les distributeurs doivent créer des relations avec des milliers de PME françaises. C'est un travail considérable de recherche des meilleurs fabricants, des meilleurs produits puis de mise au point des modalités concrètes de la collaboration. Le progrès des conditions de production et de la qualité ne peut se faire que dans le temps. C'est l'intérêt même des distributeurs que leurs relations avec les PME françaises soient durables. L'intérêt des distributeurs pour les PME est, ne nous y trompons pas, stratégique :

- Maintenir parmi leurs fournisseurs un équilibre entre les groupes internationaux et des entreprises nationales ou régionales ;
- Bénéficier de la rapidité des réactions des PME face aux changements du marché ;
- Bénéficier des innovations qui foisonnent dans les PME ;
- Soutenir les PME locales et donc l'emploi local ;
- Contribuer à l'ancrage de populations de salariés qui sont clients des magasins.

La position vis-à-vis des PME est une attitude citoyenne. Acteurs majeurs de la vie sociale et économique, les distributeurs souscrivent naturellement aux impératifs de la vie de la Cité : la réduction du chômage et donc la création d'emplois passent par la vitalité d'un tissu de petites et moyennes entreprises.

Marques de distributeurs et PME

C'est dans le développement des marques de distributeurs que s'établit le partenariat le plus complet, le plus complexe également, avec les PME françaises. Pour mémoire, ces marques sont nées, il y a près de soixante-dix ans avec les premières formes de la distribution moderne, soit : les magasins succursalistes, les grands magasins, les magasins populaires, dans le domaine alimentaire. Elles se sont développées en même temps que les marques des fabricants. Les évolutions les plus importantes ces dernières années en marques de distributeurs sont :

- L'extension des gammes à marque propre (de l'eau à l'informatique, aux livres, aux jouets, jusqu'aux produits biologiques) ;
- Le développement sur des gammes « porteuses » (plats cuisinés, frais et surgelés, riz parfumé, céréales, crémerie) ;
- Le suivi de la qualité (filière qualité, partenariat exclusif avec les producteurs) ;
- La création de gammes à valeur ajoutée (produits innovants haut de gamme, enrichissement qualitatif de produits banals) ;
- Des emballages qualitatifs (éléments de praticité, formes originales) ;
- Une esthétique poussée ;
- L'information pédagogique incorporée aux emballages (recettes, origine, conseils) ;
- L'information consumériste (composition, prix) ;
- Les cautions d'experts ou labels précisés sur l'emballage ;
- Les cautions de l'enseigne (engagement qualité, fraîcheur, prix) ;

Mais quelle place dans les assortiments pour les grandes entreprises ?

Sur de nombreux marchés, la première grande marque détient plus de 50 % du marché. En moyenne pour les marchés cités, les deux premiers groupes producteurs détiennent ensemble 71 % du marché. Le poids des deux premières marques dominantes ne peut aussi être contrebalancé que par une marque de distributeur produite le plus souvent d'ailleurs par une PME française. La domination du marché par deux marques pose aux distributeurs plusieurs types de problèmes :

- Une situation de dépendance sur un marché ; les marques leaders peuvent imposer leur marketing éventuellement inadapté dans un pays, peuvent parfois bloquer les innovations ou imposer des produits inutiles (couches bébé unisexe, puis couches « sexuées », puis à nouveau couches « bisexe »), augmenter les prix ou baisser la qualité ;
- Le risque d'une réduction du choix pour le consommateur ;
- L'impossibilité de trouver des PME qui fabriquent un produit (lessive) ou dont la marque puisse faire face aux marques mondiales (café)

Dans cette situation, les distributeurs doivent chercher des PME qui équilibrent l'offre, voire les susciter.

Le cœur a ses raisons que la raison n'ignore pas

Les PME françaises se trouvent au cœur de la distribution. Il apparaît essentiel de garder à l'esprit que, dans l'environnement immédiat des magasins, existent des liens très forts avec des entreprises, des maraîchers, des abattoirs, des PME apportant tous les jours des produits traiteur frais. Les hypermarchés font vivre aussi dans leur environnement des PME spécialisées dans le gardiennage, le nettoyage, les travaux d'entretien et toutes sortes de sociétés de services aux entreprises. Ces PME représentent des centaines de milliers d'emplois.

Mais, avant tout, les PME contribuent fortement au chiffre d'affaires de la distribution. Elles interviennent pour environ 35 % en chiffre d'affaires global des hypermarchés, elles représentent 39 % du chiffre d'affaires des PGC (produits frais transformés) vendus par exemple par Carrefour. Certes, rappelons que l'évolution des relations avec les PME fournisseurs locaux va dans le sens d'une augmentation de leur nombre, mais souvent pour des volumes d'achat modestes.

Les produits des PME occupent une place importante dans l'assortiment. Pour les produits de grande consommation, 23 % des références en magasin proviennent de PME vendant sous leur marque, 17 % des références sont des marques de distributeurs produites par des PME. Au total, les PME représentent donc 40 % des références. Mieux, parmi les marques de distributeurs, 80 % des références de produits de grande consommation sont fabriquées par des PME.

DEUXIÈME PARTIE

En route vers le XXIe siècle

2001 : fut une année charnière, en marche vers de nouvelles perspectives

La distribution en ce début du troisième millénaire a fait montre d'une remarquable maturité, consciente qu'à n'y prendre garde ses succès d'aujourd'hui pourraient cacher les échecs de demain. Mais cette distribution plus commerçante que jamais ne cède pas à la panique du Web et pas davantage aux appels de certaines sirènes des pays émergents à l'insécurité évidente. On remarque dans ce domaine une pause certaine, une phase de consolidation des positions acquises par les distributeurs en veine d'internationalisation et autres globalisations.

Cette pause ne signifie pas un changement de cap et encore moins un abandon de la stratégie d'internationalisation de ces entreprises. En effet, les grands groupes de distribution en réseau : intégré, capitaliste ou fédératif, coopératif et en franchise, élaborent des concepts qui doivent pouvoir s'exporter hors de nos frontières. Pour ces derniers, les parts de marché en France se gagneront encore pendant quelques brèves années sur leurs concurrents, ce qui entraînera de nouvelles concentrations, celles-ci sans doute trans-européennes.

Mais rapidement il leur faudra rechercher et développer des relais de croissance à l'étranger. Il convient de les aider à exporter leur savoir-faire et à développer leur maîtrise de concepts et formats adaptés aux pays ciblés. Il faut bien sûr aussi que dans les bagages des distributeurs qui s'expatrient se trouve toujours, et quelles que soient les enseignes, des PMI ou des grandes entreprises de l'agro-industrie française. La solidarité nationale prend ici son plein effet. Pour que ces grands groupes puissent représenter, sans contestation, ailleurs les couleurs de la France, encore faut-il que leur image ne soit pas ternie par des prises de position désobligeantes à leur égard et que leurs activités intérieures puissent continuer à être le socle solide de leur développement international.

La caractéristique la plus marquante de la maturité des grands groupes de la distribution est sans conteste leur prise en compte de l'éthique.

Pour un commerce éthique ; un oui franc et massif

Les commerçants modernes ne peuvent plus faire l'impasse sur l'éthique. Celle-ci, au contraire, peut améliorer leur image et donc, leur marque. Nombre d'enseignes sont d'ailleurs persuadées que commerce et solidarité peuvent aller de pair. Si l'on ajoute à cette nouvelle perception des choses le poids de certains groupes de pression, on comprend aisément que les entreprises de distribution ne peuvent plus rester passives.

Un ancien président du Conseil Economique et Social, le regretté Jacques Dermagne, aimait à dire : « *Si le métier de commerçant est de gagner de l'argent, cela ne lui donne pas le droit de se comporter n'importe comment* ». Les consommateurs ne peuvent qu'approuver, voire participer à des initiatives qui redonnent un nouveau sens à la concurrence. Ainsi se développent des opérations telles :

- L'abandon des sacs plastiques et gratuits pour des emballages recyclables payants ;
- La réhabilitation progressive de « l'esthétisme » industriel des hypermarchés de la première génération ;
- L'organisation d'opérations de ramassage, dans les banlieues difficiles, de seringues abandonnées ;
- L'aide au développement des sports de rue ou encore la création d'espaces culturels ;
- La prise de nombreuses initiatives pour lutter contre l'exclusion ;
- L'aide au premier emploi des jeunes ;
- L'extension progressive de services d'emballage aux caisses de sortie ;
- La mise en place de jeunes formés à être des assistants aux personnes âgées, a fortiori handicapées :
- Conseil aux clients dans certains rayons névralgiques de la cave à la micro ;
- Le retrait à la vente de certains articles dangereux ;
- La participation à de nombreuses opérations de réanimation des quartiers difficiles ou encore à des dizaines d'opérations caritatives aux finalités très variées ;
- La réouverture de petits points de vente en zone rurale.

Le consommateur aura toujours le dernier mot. Toutes les formules seront passagères, il faudra toujours que nous nous adaptions au changement. Il n'existe pas de formule magique ou stable. Les habitudes d'achat et les types d'offre évolueront toujours ensemble.

Nous devons nous demander :

- Dans quelle mesure la vente physique va-t-elle continuer à exister ?
- Comment le produit ou le service arrivera-t-il chez le consommateur ?
- Faudra-t-il « massifier » la répartition à domicile ?
- Aurons-nous des espaces habilités dans le point de vente pour que les clients viennent chercher leurs achats ?
- Optera-t-on pour : des formules mixtes en fonction des produits ?
- Faudra-t-il avoir : des « consignes » en l'absence des destinataires dans les bâtiments pour recevoir et entreposer les produits achetés ?

Comme on le voit, toutes ces questions concernent le face à face du futur entre la distribution virtuelle (le commerce électronique) et la distribution physique bien réelle en magasin.

L'Hypermarché un concept bien français qui sait s'exporter

Pour mémoire, les définitions et l'appellation de l'Hypermarché sont à porter au crédit de l'Institut Français du Libre Service (IFLS) créé peu après le magazine de la profession LSA (1958) par Jacques Pictet. Nous rappelons que ce dernier fut en son temps le Secrétaire général de Paridoc (le plus important groupement d'achats et de services de France avec 24 adhérents) C'est en 1964 que l'IFLS estima qu'il convenait de mettre un peu d'ordre dans le monde encore nouveau du Libre Service. Ainsi, rappelons ces différences de formats et de normes que furent et que sont restés les :

- Supérettes, magasins de surface de vente comprise entre 200 et 400 m^2 ;
- Supermarchés, magasins de surface de vente allant de 400 m^2 à 2.500 m^2 ;
- Hypermarchés, magasins de plus de 2.500 m^2.

Il est plaisant de signaler que la France est le seul pays au monde à avoir souhaité mettre en normes les différents magasins exploités en libre-service. Pour les autres pays, il n'existait que les Libres Services et les Supermarchés. À leurs origines, pour proposer leurs services, les « experts » américains, venant visiter les réalisations françaises du commerce de détail, ne manquaient pas de trouver complètement hybride une très grande surface de vente présentant avec une politique résolument « discount » des produits « food » mélangés avec des produits « non food ». Les « discounts » américains se devaient d'être spécialisés. Sans aucun doute du fait que les réglementations sociales appliquées alors aux Etats-Unis variaient en fonction de la nature des produits vendus et selon les Etats.

Plaisanterie de l'histoire mondiale du commerce, son leader incontesté reste Walmart qui doit son immense succès domestique au fait d'avoir appliqué au pied de la lettre les règles originelles de l'hypermarché français. C'est en quelque sorte un bel hommage rendu aux fondateurs de Carrefour : Marcel Fournier, Jacques et Denis Defforey.

Sur les 22 enseignes d'hypermarchés importantes qui couronnèrent les efforts des pionniers de ce format de magasin typiquement français, seules huit enseignes sont encore apposées, le tiers des combattants de l'âge d'or de l'hyper : Auchan-Carrefour-Cora-Géant Casino-Hyper Intermarché-E Leclerc Hypermarché-Rond Point Coop-« U ». On remarque que les trois enseignes du secteur des coopératives de distribution (E Leclerc Intermarché et

Système « U » représentent à ce jour 13,64 % du nombre d'enseignes.

Ainsi c'est le groupement d'Edouard Leclerc qui en début d'année 2012 totalisait le plus grand nombre d'hypermarchés 493 magasins et la plus grande surface de vente dédiée à ces unités soit : 2,6 millions de m^2. L'enseigne Carrefour arrivait en seconde position (204 unités) auxquelles il conviendrait d'ajouter : les Carrefour Planet (19 dépassant les 2.500 m^2 de surface de vente) mais également 153 Carrefour Market qui sont de faux supermarchés et d'authentiques hypermarchés. Ainsi ce décompte logique donne-t-il au groupe Carrefour 376 magasins qualifiés de l'appellation hypermarché disposant d'une surface globale de vente de 2.519.814 m^2. Au final, la France comptait en mai 2012 : 9,8 millions de mètres carrés en format hypermarché pour 1.795 magasins ayant une surface moyenne de vente de 5.460 mètres carrés.

Le plus grand hypermarché ouvert en France se situait à Portet-sur-Garonne, 25.000 m^2, appartenant à la Société SOGARA basée à Bayonne, il portait en franchise l'enseigne Carrefour. Actuellement les hypermarchés basés en France ont à faire face à des formes diverses et variées de concurrence. Certes, celle des grandes surfaces non alimentaires spécialisées, mais également celle des différentes formes de VAD (Ventes-À-Distance).

Panorama des enseignes d'hypermarchés présentes entre (1963 / 1972), avec les dates d'ouverture du premier magasin sous –enseigne et le ou les noms de leurs réalisateurs

Auchan

Le premier magasin sous enseigne AUCHAN a été ouvert à Roncq près de Tourcoing (Nord) en été 1967 sur un emplacement qui portait le nom d'un lieu-dit « Auchan' » (Réalisation Gérard Mulliez fils) Actuellement Auchan totalise de par le Monde 774 hypermarchés dans 13 pays dont 28 en France qui représentent encore 40 % de son chiffre d'affaires.

BAGG

Enseigne de la SASM (Société Alsacienne des Supermarchés) reprise en 1993 par Docks de France. Le premier hypermarché sous enseigne BAGG a été ouvert en 1970. Lors de la reprise de la SASM par Auchan en 1996 l'enseigne BAGG entre temps devenue Mammouth, pour cause de reprise par le groupe Docks de France détenteur de ladite enseigne, passa sous enseigne Auchan. Les hypermarchés de la SASM auront ainsi connu trois enseignes différentes Bagg-Mammouth et Auchan ce qui est le record national. Record que Paul Bren et Pierre Michel Jung se sont partagé.

Carrefour

Le premier magasin dénommé hypermarché, définition inventée par le magazine LSA, a vu le jour le 15 juin 1963 à Sainte-Geneviève-des-Bois en région parisienne. Ce magasin pour l'époque de très grande surface, 2.500 m^2, prit l'enseigne Carrefour, quelque temps plus tard. En janvier

1959 à Annecy Marcel Fournier avait ouvert sous son magasin populaire Prisunic, un rayon alimentaire de 160 m^2 proposant des produits d'épicerie résolument vendus à des prix très discountés. Le prototype de Sainte-Geneviève-des-Bois a été suivi de l'ouverture de Lyon Vénissieux. Entre Annecy et St Geneviève des Bois Marcel Fournier avait conclu un mariage de raison avec les familles Badin et Defforey modestes grossistes et succursalistes de Lagnieu. Peu avant la fin des dix premières années de notre siècle, Carrefour exploitait sous enseigne (franchisés inclus) 1300 hypermarchés dans le monde, dont 231 en France.

CONTINENT

A ses origines, le premier hypermarché portant cette enseigne fut ouvert par le groupe Promodès, lui-même constitué, en 1960, par le rapprochement de deux entreprise grossistes de Normandie farouchement concurrentes : Duval Lemonnier et Halley fils. Mais au préalable, les quelques hypermarchés ouverts par Promodès arboraient, en toute franchise, l'enseigne Carrefour. Le premier magasin fut ouvert à Caen Mondeville le 11 février 1970 sous la direction de Jean Halley cousin germain de Paul Louis Halley et de son frère Robert. Ce magasin était le douzième Carrefour ouvert en France. Promodès, pour mieux apprendre le métier de l'hypermarché, demeura affiliée Carrefour pendant deux ans, puis lesdits magasins optèrent pour l'enseigne Continent. En 15 ans, Continent devient la première activité de Promodès. Entre 1970 et 1997 Promodès a ouvert 175 hypermarchés réalisant 46 % du chiffre d'affaires TTC sous enseignes du groupe. L'enseigne Continent, à son tour, disparut de l'horizon à la suite de la décision, prise en septembre 1999, de constituer le « New » Carrefour, regroupant Promodès et Carrefour qui, pour mémoire, un an plus tôt avait repris les activités des Comptoirs Modernes (curieusement l'enseigne Continent a remplacé Carrefour puis est redevenue Carrefour).

Cora

La famille Franco Belge Bouriez (André Bouriez et Louis Delhaize) était succursaliste à Nancy (Société SANAL). Cette dernière constitua en 1968 une société filiale Cora chargée de la réalisation des hypermarchés de SANAl. Cette société ouvrit, en 1970, un premier hyper à Garges-lès, Gonesse, par prudence (cf. Promodès) sous enseigne franchisée Carrefour (réalisation Michel Bouriez). Peu après, la famille Bouriez prit son indépendance et opta pour une enseigne « maison » CORA reprenant tout naturellement l'appellation de la société dédiée aux hypermarchés.

Delta

Cette enseigne coiffait à son origine, 1969, les premiers hypermarchés ouverts par La société succursaliste « La Ruche Picarde » à Amiens, famille de référence les Dian (Jacques et Michel). En 1980 La Ruche Picarde rejoignait le Groupe Docks de France et prenait l'enseigne Mammouth mise à la disposition des ses adhérents par la centrale d'achat et de service Paridoc (22 adhérents). Le groupe Docks de France, était, à l'époque « l'aile marchante de Paridoc. (Fondateurs du magasin d'Amiens : Michel Dian Jacques Dian)

Escale

À son origine Escale était l'enseigne retenue pour ses hypermarchés par le Groupe Printemps Prisunic._Une première ouverture se situa en (1970) à St Brieuc. (Réalisation Yves Radenac). L'enseigne Escale n'eut qu'un éphémère et modeste succès. D'autant qu'elle disparut en toute logique à la suite du rapprochement réussi, lui, avec succès par les sociétés fondatrices d'Euromarché : GSRP (Viniprix, Berthier Saveco, Valentin, La Beaujolaise Végaprix, etc.). Le Printemps dès 1975 détenait 25 % du capital d'Euromarché.

Euromarché

Telle était l'une des enseignes les plus diffusées en France. Elle appartenait, comme précisé plus haut (voir Escale) a la Société GSRP alias Euromarché Le capital d'Euromarché était ainsi réparti : Saveco 40 %, Viniprix 45 %, La Beaujolaise Vegaprix 15 %. Sous la présidence de Michel Bon en 1991/1992 Carrefour prit le contrôle d'Euromarché et dans la foulée, celui de Montlaur. Le premier Euromarché ouvrit de l'autre côté des pistes d'Orly à Athis Mons en 1969 (réalisation Gérard Seul). Ce magasin fut remarqué par des millions de Français. Ne servit-il pas, un an plus tard, de décor au film des Charlots : « Le Grand Bazar » dont Michel Serrault était le directeur.

Express Marché

Tout comme GEM, Express Marché fut l'une des enseignes que comptait développer les Etablissements Goulet Turpin. Ce succursaliste, au cours des années soixante, était l'un des fleurons du secteur, avec Casino. Goulet Turpin ouvrit en 1948 à Paris le premier magasin en libre service et dix ans plus tard à Rueil Plaine en région parisienne le premier « vrai »supermarché de France. En 1979, Promodès termina sa grande conquête succursaliste en reprenant Goulet Turpin, apportant de ce fait son enseigne Continent. Adieu enseigne Express Marché, qui ne fut jamais apposée sur une façade d'hypermarché ; mais qui couronna celle du premier supermarché de l'hexagone à Rueil Plaine.

Gama

Fut la plus éphémère enseigne du parc des hypermarchés ouverts en France. Elle appartenait à la CIP, société de supermarchés. (Puis GEREC). Henri Hermand, le fondateur, fut en son temps le président de l'IFLS (1986 à 2002) Le premier Gama ouvrit à Creil, en 1970. (Fondateur Henri Hermand)

GEM

A été la première enseigne apposée sur les hypermarchés déployés par Goulet Turpin. Cette ouverture sous l'impulsion de Jean Goulet eût lieu à Reims Tinqueux en 1969, sous l'enseigne Express Marché. Rappelons que Goulet Turpin avait ouvert à Rueil Plaine le premier supermarché « authentique » de France

Géant Casino

Après avoir repris la CEDIS en 1985 - qui lui apporta 15 hypermarchés sous l'enseigne Mammouth, propriété de la centrale Paridoc, Casino s'enrichit de l'apport de 45 hypermarchés Rallye (1992). Ainsi, le groupe stéphanois put développer son enseigne originelle « Géant Casino » apposée sur 110 magasins. L'enseigne au mieux de ses performances a été la 4e plus grande chaîne d'hypermarchés en France derrière Carrefour-E Leclerc-Auchan. Le premier Géant Casino fut ouvert à Saint Etienne en 1970.

Genty

Ce fut l'enseigne devant être apposée sur les quelques hypermarchés programmés par la société familiale « Genty -Cathiard » de Grenoble. Daniel Cathiard, son président fut également de 1986 à 1988 le président du GNH (Groupement National des Hypermarchés). Genty-Cathiard fut repris par Rallye (Coficam) ; en 1990, lui-même devenait partie prenante des nouvelles structures Casino. Donc Genty fut une enseigne bel et bien déposée. En fait il n'y eut jamais d'hypermarchés ouverts. Rallye était passé par là, accompagné de son enseigne éponyme.

Mammouth

A été, incontestablement, l'enseigne d'hypermarché la plus répandue en France. Tout simplement, parce qu'elle était la propriété de la première centrale succursaliste de France : Paridoc, qui à l'époque comptait 24 adhérents. À la suite de la reprise des Docks de France par Auchan la centrale Paridoc fut dissoute, et de ce fait, la célèbre enseigne Mammouth disparut du monde des hypermarchés français. L'enseigne Mammouth fut placée sur la façade du premier hypermarché créé par Les Economiques Troyens en 1969 à Barberey Saint – Sulpice près de Troyes-Aube (Réalisation Jean-Claude Miocque). L'entreprise troyenne fit immédiatement apport de son enseigne à la centrale Paridoc, qui la mit à la disposition de ses 27 adhérents. Comme cela s'était déjà réalisé par la SASM (Société Alsacienne de Supermarchés), qui, elle aussi, fit don de l'enseigne SUMA, devenant celle de presque tous les supermarchés ouverts par les adhérents de Paridoc.

E Leclerc Hypermarché

Venu au concept hypermarché peu avoir rendu visite au magasin de Sainte-Geneviève-des-Bois ouvert par Marcel Fournier le groupement Leclerc suggéra à ses sociétaires, désirant réaliser des hypermarchés, d'apposer tout simplement l'enseigne (E Leclerc Hypermarché) sur leurs façades, décision qui perdure de nos jours. C'est en 1964 que le magasin de Landerneau s'agrandit et devient le premier « Hypermarché E Leclerc »

Montlaur

A été la dynamique enseigne de Michel Montlaur un indépendant de la région Rhodanienne qui vit ses quatre magasins repris par Carrefour en 1991, alors encore présidé par Michel Bon. Cette reprise avait précédé de quelques mois celle d'Euromarché. Les deux acquisitions ont représenté 7 milliards de francs dont 1millard pour Montlaur, et 6 milliards pour Euromarché. Le premier hypermarché sous enseigne Montlaur a été ouvert à Auch-Gers en 1976.

RADAR GEANT

A été l'enseigne des hypermarchés de l'une des plus anciennes MAS (Maison à Succursales) les Docks Rémois alias Familistère. Les Docks Rémois ont connu une des plus forte période de croissance externe de la distribution ; reprenant le contrôle de nombreuses sociétés régionales telles : les Economiques de Normandie, les Docks du Bourbonnais, les Docks de l'Ouest, les Établissements Lemaire, la Société Garbin. Radar Maxi et Radar Géant faisaient partie des enseignes communes des sociétés ainsi fédérées par les Docks Rémois. Ces sociétés contrôlées majoritairement par les Docks Rémois étaient fédérées sous des enseignes communes : Familistère-Famiprix-

Radar Junior-Radar Maxi (supermarchés)-Radar Géant (hypermarchés). Radar Géant disparut progressivement de l'horizon des hypermarchés du fait même des changements de propriétaires successifs qui virent ce pionnier Rémois du succursalisme se déliter progressivement à partir de 1985 jusqu'à 1988 (CF La Grande Histoire des Regroupements dans la Distribution des mêmes auteurs) La société Radar a été constituée sous la présidence de François Thiault en 1969. Les Docks de Blois ont été à l'origine du Radar Géant de Vichy ouvert en 1972.

Rallye

Autre initiative de deux indépendants, eux, Brestois : Jean Cam et François Le Gouez. Avant d'être relié à Casino via l'entremise de Jean Charles Naouri, Rallye (Famille Jean Cam par Coficam interposée) exploitait 44 hypermarchés. L'ouverture de leur premier hypermarché remonte à l'année 1968, aux portes de Brest (Brest Gouesnou). Après la reprise de Rallye par Casino, le nouveau groupe ainsi constitué disposait de 101 hypermarchés- 480 supermarchés et 2344 supérettes.

Record

Apportée à Gagmi (Groupement d'Achat des Grands Magasins Indépendants par la famille Decré (Grand Magasin de Nantes) qui fêta son centenaire en 1967, cette enseigne réservée aux seuls adhérents du Gagmi fut néanmoins apposée sur le premier hypermarché ouvert en 1968 au Mans par le groupe comptoirs Modernes (Jean Claude Plassart). Cette enseigne n'eut qu'un succès d'estime car les adhérents de Gagmi, la quittèrent les uns après les autres. En ses heures de gloire, ils avaient pour noms : Auchan-Carrefour-Rallye, etc.

Rond-point Coop

Etait l'enseigne choisie par le mouvement coopératif dès l'année 1969. Après tout, il y avait bien Carrefour pourquoi pas Rond Point. Précédemment, ladite enseigne fut testée sous l'enseigne « La Baleine » à la Rochelle en 1969. Au fil des ans, le mouvement coopératif, du fait de sa régionalisation, vit ses sociétaires passer des contrats de franchises avec d'autres enseignes d'hypermarchés plus en vue. Puis, entre 1985 et 1995 le mouvement coopératif vécu une énorme vague de regroupements et autres liquidations qui de ce fait mirent à mal l'enseigne originelle, voire même l'ensemble du mouvement coopératif.

Super M

De même qu'Escale fut l'enseigne des hypermarchés du groupe Printemps « Super M » a été apposé sur les hypermarchés du groupe Galeries Lafayette, dès la fin des années soixante. (1969) Au total, dix hypermarchés adoptèrent ladite enseigne. Nombre insuffisant pour prétendre assurer un développement de vraie chaîne. Même motif, même punition, que pour les Escale du Printemps : une disparition prématurée.

LE TOP 10 DES ENSEIGNES DISPARUES

MONTLAUR : 1994
EUROMARCHE : 1996
FLIX POTIN : 1996
L'UNIVERS : 1996
UNICO : 1997
TOPCO : 2.000
CONTINENT : 2000
PRISUNIC : 2003
RALLYE : 2005
MAMMOUTH : 2009

TABLEAU DES OUVERTURES, TÊTES DE SÉRIE, DES HYPERMARCHÉS EN FRANCE

1963 : CARREFOUR de Sainte-Geneviève-des-Bois
1964 : Magasin E LECLERC à Landerneau
1966 : MAMMOUTH à Barberey-Saint-Sulpice près de Troyes
1967 : SUPER SUMA à Montfermeil en région parisienne
1967 : AUCHAN à Roncq dans le Nord
1968 : RALLYE à Brest
1969 : CORA à Garges-lès-Gonesse
1970 : GEANT CASINO à Marseille
1970 : CONTINENT à Caen Mondeville
1979 : HYPER INTERMARCHE dans l'Eure
1983 : AVENUE (devenu Hyper « U »)

POINTS SUR LES PROGRESSIONS DES HYPERMARCHÉS

1963 : 1
1966 : 2
1975 : 284
1980 : 391
1990 : 767
2001 : 1211
2008 : < de 1.400
2013 : # de 2.000

Pour mémoire, les définitions et l'appellation de l'Hypermarché sont à porter au crédit de l'Institut Français du Libre Service (IFLS) créé peu après le magazine de la profession LSA (1958) par Jacques Pictet. Rappelons que ce dernier fut en son temps le Secrétaire général de Paridoc (le plus important groupement d'achats et de services de France avec 24 adhérents) C'est en 1964 que l'IFLS estima qu'il convenait de mettre un peu d'ordre dans le monde encore nouveau du Libre Service. Ainsi, rappelons ces différences de formats et de normes que furent et que sont restés les :

- Supérettes, magasins de surface de vente comprises entre 200 et 400 m^2 ;
- Supermarchés, magasins de surface de vente allant de 400 m^2 à 2.500 m^2 ;
- Hypermarchés, magasins de plus de 2.500 m^2.

Il est plaisant de signaler que la France est le seul pays au monde à avoir souhaité mettre en normes les différents magasins exploités en mode libre-service. Pour les autres pays, il n'existait que les Libres Services et les Supermarchés.

À leurs origines, pour proposer leurs services, les « experts » américains, venant visiter les réalisations françaises du commerce de détail, ne manquaient pas de trouver complètement hybride une très grande surface de vente présentant avec une politique résolument « discount » des produits « food » mélangés avec des produits « non food ». Les « discounts » américains se devaient d'être spécialisés : Food ou Non Food. Sans aucun doute du fait que les réglementations sociales appliquées alors aux États Unis variaient en fonction de la nature des produits vendus et selon les Etats. Plaisanterie de l'histoire mondiale du commerce, son leader incontesté reste Wall Mart qui doit son immense succès domestique au fait d'avoir appliqué au pied de la lettre les règles originelles de l'hypermarché français. C'est en quelque sorte un bel hommage rendu aux fondateurs de Carrefour : Marcel Fournier, Jacques et Denis Defforey

Sur les 22 enseignes d'hypermarchés importantes qui couronnèrent les efforts des pionniers de ce format de magasin typiquement français, seulement huit sont encore apposées, le tiers des combattants de l'âge d'or de l'hyper : Auchan-Carrefour Cora-Géant Casino Hyper Intermarché E Leclerc Hypermarché Rond Point Coop « U » Hypermarché.

On remarque que les trois enseignes du secteur des coopératives de distribution : Leclerc -Intermarché et Système « U » ont représenté 13,64 % du nombre d'enseignes. Ainsi, était-ce le groupement d'Edouard Leclerc qui, en début d'année 2012, totalisait le plus grand nombre d'hypermarchés 493 magasins et la plus grande surface de vente dédiée à ces unités soit : 2,6 millions de m^2. L'enseigne Carrefour arrivait en seconde position avec 204 unités, auxquelles il conviendrait d'ajouter les Carrefour Planète (19) dépassant les 2.500 m^2 de surface de vente, mais également (153) Carrefour Market qui sont de faux supermarchés et d'authentiques hypermarchés. Ainsi, ce décompte logique donne-t-il au groupe Carrefour (376) magasins qualifiés de l'appellation hypermarché disposant d'une surface globale de vente de 2.519.814 m^2. Au final, la France comptait en mai 2012 : 9,8 millions de mètres carrés en format hypermarché pour 1.795 magasins, ayant une surface moyenne de vente de 5.460 mètres carrés. Le plus grand hypermarché ouvert en France se situait à Portet-sur-Garonne, 25.000 m^2, appartenant à la Société SOGARA basée à Bayonne, il portait en franchise l'enseigne Carrefour.

Actuellement les hypermarchés basés en France ont à faire face à des formes diverses et variées de concurrence. Certes, celle des grandes surfaces non alimentaires spécialisées, mais également celle des différentes formes de VAD (Ventes A Distance). La vente à distance a inventé la pratique des lieux d'enlèvements des produits ainsi commandés soit les « Drives ». Ces derniers sont les prolongements physiques du commerce en ligne. Le succès des « drives » est incroyable après quelques années d'existence. La répartition des Drives à la fin novembre 2011 pour la France s'établissant ainsi :

- E Leclerc 144
- Casino 90
- Auchan Drive 4
- Chronodrive (groupe Auchan) 40
- Carrefour 30

On totalise actuellement : 2 031 Drive et 2 022 Hypermarchés ; l'ensemble des GMS (Grandes et Moyennes Surfaces) s'établit à 7.500 unités.

Les enquêtes montrent que les clients de cet encore nouveau mode de vente sont plutôt des jeunes issus des grandes villes et appartenant à la classe moyenne supérieure. Pour eux, l'enjeu est d'abord, à 89 % : gagner du temps.

Une autre remarque importante est à signaler pour expliquer une certaine perte d'attrait de l'hypermarché. A ses jeunes années, l'hypermarché conservait par rapport à ses concurrents les plus en vue (certains supermarchés) même un différentiel de prix de l'ordre de 20 %. Le compte n'y est plus, loin s'en faut en 2015.

Pour demeurer un magasin d'attraction, l'hypermarché se doit de personnaliser son offre en l'adaptant le plus possible aux attentes de son marché local voire régional. Il lui faut, aussi et ainsi, présenter un assortiment intelligemment exhaustif. Enfin, dans le domaine alimentaire il ne doit pas hésiter à être à l'avant-garde de nouveaux marchés tels les produits « bio » ou encore « Halal ».

Enfin, il est grand temps de tordre définitivement le cou à une acception persistante de l'origine de l'hypermarché. Elle voudrait qu'à l'instar du libre service, puis du supermarché, ce concept nous vienne en droite ligne de nos amis américains. Ce serait le célèbre et fantasque Bernardo Trujillo, animateur des séminaires MMM (Méthodes Marchandes Modernes) tenus à Dayton USA qui aurait dit que l'hypermarché dans son concept marchand descendait en droite ligne de ses enseignements, et plus particulièrement de son célèbre ***« Disposer un îlot de pertes dans un océan de profit. »*** En fait, l'hypermarché, de conception « bien de chez nous » avait une stratégie de prix « dramatiquement bas » que cela fut sur 6.000 références comme à ses premiers pas ou à 60.000 références actuellement. Une bonne fois pour toutes : que cela soit dit et retenu.

Comme rappelé plus haut la vente à distance a tout naturellement été accompagnée de procédés d'enlèvements des produits commandés. Ainsi naquit l'idée des « Drives » Ces derniers sont les prolongements physiques du commerce en ligne. Il ne faut donc pas les considérer comme de nouveaux concepts marchands, si ce n'est au deuxième degré… !!!

Le dernier né : le drive, mais c'est bien sûr

Actuellement les hypermarchés basés en France ont à faire face à des formes diverses et variées de concurrence. Certes, celle des grandes surfaces non alimentaires spécialisées, mais également celle des différentes formes de

VAD (Ventes -A –Distance). La vente à distance a inventé la pratique des lieux d'enlèvements des produits ainsi commandés soit les « Drives'. Ces derniers sont les prolongements physiques du commerce en ligne. Le succès des « drives » est incroyable après tout juste 3 ans d'existence. La répartition de Drives à la fin novembre 2011 pour la France s'établissait ainsi :

- E Leclerc 144
- Casino 90
- Auchan Drive 46
- Chronodrive (groupe Auchan) 40
- Carrefour 30

On misait sur un nombre minimum de 1.000 unités à la fin de l'année 2013 cet objectif qui se voulait ambitieux a été pulvérisé ; on comptait 2.481 unités le 22 janvier 2015. En 2014, le drive a généré, 3,8 milliards d'euros, en croissance de 50 % sur l'année précédente. Les enquêtes montrent que les clients de ce nouveau mode de vente sont plutôt des jeunes issus des grandes villes et appartenant à la classe moyenne supérieure. Pour eux, l'enjeu est d'abord à 89 % de gagner du temps.

Une autre remarque importante est à signaler pour expliquer une certaine perte d'attrait de l'hypermarché. A ses jeunes années, l'hypermarché conservait par rapport à ses concurrents les plus en vue (certains supermarchés de « combat ») un différentiel de prix de l'ordre de 20 %. Le compte n'y est plus, loin s'en faut. Lors de ses premiers pasl'hypermarché se développait en s'appuyant sur les **« 3 C »** soit :

- Crédit fournisseurs,
- Crédit-bail (leasing immobilier),
- Concours bancaires.

Pour demeurer un magasin d'attraction, l'hypermarché se doit de personnaliser son offre en l'adaptant le plus possible aux attentes de son marché local voire régional. Il lui faut, aussi et ainsi, présenter un assortiment intelligemment exhaustif. Enfin, dans le domaine alimentaire, il ne doit pas hésiter à être à l'avant-garde de nouveaux marchés tels les produits « bio » ou encore « Halal », comme, d'ailleurs, il l'a été pour les produits surgelés et lyophilises.

Les faits et évènements majeurs qui ont marqué l'histoire du commerce moderne de 1958 à 1999

1958

– Cette année aura été à marquer d'une pierre blanche pour les grands entrepreneurs du commerce. En effet, le premier supermarché. Se créé en octobre en France à Rueil plaine. Il prend nom : « Express Marché » et porte la signature Goulet Turpin. - Sa surface de vente est de (500 m^2) et, autre grande première : il est situé dans un petit centre commercial en banlieue parisienne situé à Rueil-Plaine.

1959

– Création le 14 mai, de Carrefour SA. Les sept mille actions de cent francs sont souscrites à parts égales par : les familles Fournier d'Annecy et Defforey de Lagnieu dans l'Ain.

1960

– Ouverture le 3 juin du premier supermarché « Carrefour » à Annecy. La même année Casino ouvre son premier supermarché (800 m^2) à Grenoble.

– Henri Toulouse, le penseur, la haute autorité, des (Docks de France) est à l'origine de la première centrale européenne de supermarchés : Cedima. Elle n'aura jamais fonctionné du fait de sa contestation au sein des adhérents de Paridoc, qui est : le plus important groupement d'achat et de service du monde succursaliste.

– Décidés à développer rapidement ce concept, qui vient de faire son apparition en France, les adhérents de Paridoc, vont lancer l'enseigne « Suma » que la quasi totalité d'entre eux adoptera. Cette enseigne a été apportée gracieusement à Paridoc par La SASM (Société Alsacienne de Supermarchés). Comme d'ailleurs, le fut par la suite l'enseigne « Mammouth » propriété des Docks Troyens.

1961

– Gérard Mulliez (Descendant des laines Phildar), se lance dans le commerce et ouvre son premier supermarché sous enseigne Auchan. Nom d'un lieu dit, situé dans le quartier des Hauts Champs à Roubaix. Sa politique commerciale se veut résolument « discount ». Alors qu'il esquissait le concept de son magasin, Gérard Mulliez avait rendu visite, à Landerneau, au « trublion » Edouard Leclerc qui lui avait, très sportivement, expliqué les pourquoi et comment de ses choix commerciaux.

– Un événement passant pourtant à l'époque quasiment inaperçu fut la création de Promodès (A la toute origine devant s'appeler « Promodis » mais le nom avait déjà été déposé). Les pères spirituels de Promodes avaient noms :

deux personnalités ayant connu un brillant succès dans la fonction de gros : Léonor Duval Lemonnier et Paul Auguste Halley. Ils avaient la réputation avérée d'être de solides frères ennemis.

1962

– L'ouverture du premier « junior department store » en libre-service « Inno BJ » (6500 m^2) eut lieu à Paris, au pied de la Belle Jardinière. Quelle provocation ! Dans sa version de l'époque « Inno venait en droite ligne de Belgique. Les professionnels du commerce venaient de la France entière découvrir : du jamais encore vu sur l'hexagone. Un deuxième magasin de ce concept ouvrit ensuite dans l'un des secteurs les plus riches de la capitale et portât le nom « Inno Passy »

1963

– Année qui fit date et pour cause. Qui n'a pas été voir en juillet la plus grande surface de vente que Carrefour venait d'ouvrir en région parisienne, à Sainte-Geneviève-des-Bois (2 600 m^2). C'e fut le premier « hypermarché », appellation proposée quelque temps plus tard par l'IFLS (Institut Français du Libre Service) voir plus loin.

– A noter qu'en dehors de France l'appellation hypermarché n'existait pas ; un super marché recouvrait des magasins de plus de 400 m^2 sans limitation de surface.

1964

– Création de Disco par les établissements Alisse et Ripoche à Cholet, Martinaud à Blois et Pageneau à Montmorillon. Disco par la suite tiendra fort bien sa place parmi quelques structures de taille moyenne, certes, mais avec laquelle : il fallait compter.

1965

– Naissance de la Cedis à Besançon, issue de la fusion de quatre succursalistes régionaux : Docks Franc-Comtois et Bourguignons, Economique Bisontin, Comptoirs de la Bourgogne et La Comtoise. La présidence de Cédis est confiée à Gabriel Mathey (Président des Docks-Franc-Comtois et Bourguignon. Jamais en France un rapprochement d'une telle importance avait été mené à bien. Il est incontestablement inhérent à l'intelligence des quatre protagonistes de l'opération, avec une mention spéciale pour Gabriel Mathey et Charles

1966

– L'appellation « hypermarché » recouvre des magasins de surface de vente supérieure à 400 m^2. La même année voit l'ouverture, en septembre, du Carrefour de Vénissieux (9500 m^2), le plus grand hypermarché français. Dans la foulée le monde du commerce est très attentif à la constitution de la Sogara (50 % Carrefour / 50 % Guyenne et Gascogne). Cette dernière est une petite société succursaliste située à Bayonne et ayant conservé une fonction de grossiste. Elle est présidée par Xavier Beau qui fut l'une des plus brillantes personnalités du commerce. Il convient de remarquer l'accroissement des surfaces de vente des magasins Darty ; l'enseigne ouvre sa première moyenne surface ((257 m^2) à Champigny. Dans la série, sinon, des regroupements, pour le moins, rassemblements, on peut retenir celui des Etablissements Baud, Berthier-Saveco et Garco-Disque Bleu. Le nom retenu pour cette « centrale », puisqu'il faut l'appeler par son nom est SOCAD.

1967

– Ouverture du premier hypermarché Auchan à Roncq et du premier supermarché de Badin Defforey. Quelques mois auparavant, Gérard Mulliez avait rendu visite à Edouard Leclerc à Landerneau. De cet entretien, au demeurant très sympathique, Gérard Mulliez retint quelques principes d'un magasin « minimargeur » qu'il appliquât à Roncq. Auchan était l'appellation d'un lieu dit de Roncq.

– Autre événement qui a marqué l'histoire des points de vente hautement spécialisés, soit la création de l'enseigne « Conforama » par huit indépendants, avec l'ouverture d'un premier magasin à Saint-Priest dans la banlieue de Lyon.

1968

– Au cœur des évènements de mai 68, Jean Cam et François Louis Le Gouëz, ouvrent à Brest le premier hypermarché breton sous enseigne Rallye. L'ouverture fit date, car, en dehors d'un attrait inhérent à une légitime curiosité, les Brestois vinrent en nombre faire provision de produits alimentaires de première nécessité. En ces périodes troubles qui fleuraient la « révolution » les achats de précaution devenaient monnaie courante.

– Raymond Berthault (Viniprix) ouvre son premier Euromarché en région parisienne à Saint-Michel-sur-Orge avec six associés issus du groupement d'achats Socadip (Voir plus haut)

– L'Economique de Rennes s'associe à Docks de France pour créer la SAMGS (société armoricaine de magasins de grande surface).

– Ouverture du premier hypermarché sous enseigne Mammouth par les Economiques Troyens à Troyes. L'entreprise en verve d'altruisme fit don de son enseigne dûment déposée ensuite par Paridoc et partant au bon usage de ses adhérents. -A la même époque, la SASM (Société Alsacienne de Supermarchés) avait mis son enseigne « SUMA » SUPERMARCHE également à la disposition des adhérents de Paridoc

1969

– Selon la volonté de Jean-Pierre Le Roch (bras droit d'Edouard Leclerc), on assiste en septembre à la scission de 75 adhérents Leclerc. Ils fondent « EX » qui deviendra Intermarché. L'affaire était gravissime pour le mouvement Leclerc qui aurait pu éclater sur la lancée de ce divorce à la Bretonne.

– Ouverture en novembre du premier centre commercial régional aux portes de Versailles ; il prendra le nom « Parly II ». Il y eut ensuite « Vélizy II » et « Rosny II ».

– Après Conforama en 1967 création du premier Castorama à Anglos par Christian Dubois.

– Les Coop de Lorraine ouvrent le premier hypermarché « Rond Point » du mouvement coopératif.

– Promodès crée Promomag, une société destinée à l'exploitation d'hypermarchés Carrefour.

– Cette dernière année de la célèbre décennie (Années Soixante) qui marquât la remarquable envolée du commerce, a été la plus riche en évènements de grandes portées. Ainsi le divorce des deux hommes forts du mouvement E Leclerc a contribué au renforcement du commerce associé avec la création d'Intermarché puis par celle de « Système U ». – L'Ouverture de « Parly II » aura vu des commerçants indépendants adeptes des centres-ville tenter l'implantation collective dans un centre commercial. Coup d'essai coup de maître que la venue de ce premier centre commercial. On ne dira jamais assez combien Jean Louis Solal et son complice Balkany, qui ont signé Parly II, auront été des « dynamiseurs » du commerce de France. A mettre, également, au crédit de cette année 1969 l'arrivée du mouvement coopératif sur le marché des hypermarchés. Ledit mouvement coopératif, par essence, privilégiait le contact direct commerçant client. Or de toute évidence ces « Usines à vendre » mettait à mal ce fondement. Cette décision des Coop de Lorraine fut courageuse car risquée. Enfin, la constitution de Promomag marque le tournant de la diffusion de l'enseigne Carrefour et partant la mise en place d'une organisation davantage centralisée

1970

– Deux ans après avoir mis sur orbite son concept d'hypermarché « Escale », le groupe Printemps/ Prisunic lance « Primevère », un nouveau type de grand magasin dédié aux centres périphériques ; premières ouvertures à Caen et Rennes.

– Ouverture en mars du premier Géant Casino à La Valentine à Marseille.

– Introduction en bourse de Carrefour ; elle était attendue et considérée comme la reconnaissance du beau parcours de l'enseigne

– Jean Baud lance une chaîne volontaire « Franprix » pour exploiter des supermarchés. Dans la foulée il lance des produits à marque propre « Leader Price » qu'il proposera aux adhérents de Socadip dont il est le Président fondateur. Cette proposition fait long feu.

– En 1970 Création de But par Roger Bonis, Bernard Lauris et André Venturini.

– Ouverture du premier Champion.

– La chaîne Spar regroupe 57 grossistes qui approvisionnent 5 700 magasins.

– Lancement de « Norauto », un « Tout pour la voiture ». Qui, plus de quarante ans après sa création, rencontre toujours un très grand engouement, qui n'est pas une admiration exagérée, pour les passionnés d'automobile.

1971

– Le premier Cash Metro ouvre en juin à Villeneuve-la-Garenne (15 000 m^2). Promodès (groupe EGE Segedes) fait partie du tour de table. La formule « Cash and Carry » répondait alors à une réelle attente, ne nous venait-elle pas d'Outre Manche ?

– Le Cash &Carry est un grand libre service dont l'appellation signifie en Français : « Payer et Emporter » Il s'agit, en fait, d'une technique de vente en gros qui repose sur un modèle semblable à celui de la grande distribution quand elle inventât l'hypermarché. --Les acheteurs arpentent le point de vente à leur gré et retirent les marchandises choisies. Ils payent comptant et se chargent de l'acheminement des marchandises. Le Cash and Carry est bel et bien un libre service en gros. A l'origine, prévu pour des petits détaillants, donc des professionnels, il s'est très vite ouvert à tous. On doit admettre le côté hybride du C&C mariant la grande distribution dans sa formule classique et la vente en gros de produits de conditionnements peu usité auprès d'une clientèle grand public. Celle-ci en raffola très rapidement. C'est en 1996 que la Commission Européenne a vraiment défini le profil type des clients du Cash &Carry et souligné les avantages qu'ils trouvent dans cette forme de distribution.

– Un autre événement marquant de cette année 1971 fut la création du plus grand collectif d'indépendants de France, le Geric à Thionville (13 000 m^2). Formule originale s'il en fut. Sur une vaste surface dédiée à la vente on trouvait tous les départements, tous les rayons classiques d'un grand hypermarché, mais ces deniers étaient affermés à des commerçants indépendants qui en avaient la gestion dans toute son acception.

– Rapprochement Una Codec en octobre.

– Carrefour reprend aux établissements Decré (Nantes) leur participation (49,95 %) dans la Sogramo que l'entreprise de grands magasins détenait à égalité avec les Comptoirs Moderne et devient ainsi actionnaire des Comptoirs Modernes à hauteur de 15 %.

– Carrefour ouvre, la même année, un premier magasin en Grande-Bretagne à Caerphilly, près de Cardiff.

– « Dock de France » se retire de la SAMGS (Société Armoricaine de Magasins de Grande Surface) qui devient une filiale de l'Economique de Rennes, sa société mère. A la fin des années soixante, Henri Toulouse, le grand patron de fait de « Dock de France », avait proposé à quelques adhérents de Paridoc de constituer des sociétés régionales à 50/50, en charge d'exploiter des hypermarchés au sein de leur zone d'influence respective. Ce fut très rapidement un splendide « échec », les actionnaires des dites sociétés régionales comprenant très vite que « Dock de France » n'avait d'autre ambition que de prendre le contrôle de ces sociétés.

– Cora quitte Carrefour et crée Hypersélection.

1972

– Création en mars par Hobby et « Catena –France » de Hobby France. Catena dont le succès perdure fut la première enseigne dédiée à des surfaces de vente de bricolage et d'équipements du foyer

– Sans surprise la Société Nord-Ouest d'Alimentation (SNOA) est reprise par Promodès qui ouvrira en octobre son premier Continent à Ormesson dans le centre commercial de Pince-Vent. Le premier hypermarché ouvert par Promodès portait l'enseigne Carrefour (Caen-Mondeville, février 1970).

– C&A ouvre son premier magasin en France à Velizy. A l'heure où ce livre est écrit, l'enseigne persiste et signe depuis 43 ans dans sa stratégie commerciale originelle qui consiste, dans le domaine des vêtements, Homme, Femmes, Enfants, à proposer la mode dans son acception la plus étendue à « Des prix incroyables

– Création du Gencod qui était et est resté l'organisme officiel habilité à délivrer le code à barres en France et dans le Monde Le Gencod existe depuis plus de 40 ans (43 ans pour être précis. Le GENFA à ne pas confondre avec le GENCOD est le Groupement d'Etude et de Normalisation des Fabricants.

– A la fin de l'année, l'IFLS recense 209 hypermarchés et 2 334 supermarchés. Au total, ils représentent 11,24 % des ventes au détail en France.

1973

– Paridis, la toute nouvelle société de gros fondée par Promodès, rachète à Damoy la chaîne de détail MAM.

– Le parc des hypermarchés Euromarché passe de 9 à 21 grâce à l'apport de 13 Escale du groupe Printemps/Prisunic.

– Ouverture à Barcelone de Hyper Euromarché (13 000 m^2).

– Michel Montlaur et Jean Cam crée le GIE « Rallye-Montlaur » pour améliorer l'exploitation de leurs magasins et partant, améliorer leur puissance d'achat. Rallye est l'enseigne apposée sur les hypermarchés initiés par les amis brestois : Jean Cam et Louis François Le Gouez

– Habitat ouvre son premier magasin en France à Maine-Montparnasse (Paris). Habitat est un fabricant créateur de « design » depuis 1964

– Sephora ouvre sa première grande surface spécialisée (1 100 m^2) de parfumerie à Paris rue de Passy. C'est BHYSL une filiale des Nouvelles Galeries, qui est à l'origine de cette innovation.

– Pour ne pas être en reste avec Euromarché (voir plus haut) Carrefour ouvre à son tour, à Barcelone, son premier hypermarché espagnol. Au fil des ans la compétition, le duel même, entre Carrefour et Euromarché devient de plus en plus âpre, voire rugueux, avec une extension, parfois risquée, sur terre étrangère.

1974

– Ouverture de la Fnac de la rue de Rennes à Paris. C'est, pour mémoire, en 1954 que Max Théret et André Essel créent un groupement d'achat : la Fédération Nationale des Cadres (FNAC), avec pour objectif de faire du commerce différemment et d'offrir à tous les publics des produits authentiquement moins chers.

– La Société Nord Ouest d'Alimentation s'étoffe de belle manière en reprenant en gérance les 148 magasins de Wibault-Dreux.

– Le Bon Marché passe un accord avec Promodès pour l'approvisionnement alimentaire des magasins de Caen et Brest ainsi que celui du bazar d'Amsterdam à Paris. La même année l'Allobroge signe avec Promodès pour l'approvisionnement de ses 270 points de vente, de l'Etoile des Alpes.

– Constitution de la CNUC (Commission Nationale d'Urbanisme Commercial). Elle complétait en les chapeautant les CDAC Commissions Départementales d'aménagement Commercial.

– Les trois associés fondateurs d'Euromarché regroupent leurs participations : Viniprix (45 %), Berthier-Saveco (40 %) et la Beaujolaise-Vegaprix (15 %).

– Carrefour annonce l'ouverture prochaine de son premier hypermarché au Brésil.

1975

– La Famille Decré et les Docks de France signent un accord au terme duquel les Docks prennent en charge la gestion des trois hypermarchés Record de Saint-Herblain, Vertou et Angoulins (Loire-Atlantique).

– Ouverture à Paris du premier Marks & Spencer. Les parisiennes attendaient cette venue de la célèbre enseigne d'outre manche. Son offre de vêtements homme, femme, enfant était très recherchée tout comme son réputé rayon lingerie.

– Disco, Promodès et la chaîne de meubles Saga créent un établissement financier Sofinedis pour financer des magasins indépendants.

– Radar ouvre son premier hypermarché en Espagne, un hyper Radar de 3 500 m^2 à Barcelone.

– Ouverture du premier Carrefour au Brésil à Rio de Janeiro et du premier Euromercato à Padermo Dugnano près de Milan.

1976

– La centrale Socadip enregistre trois nouvelles adhésions : les hypermarchés Rallye, Primistère-Félix Potin et les Docks Lyonnais.

– Carrefour lance l'opération Produits Libres : « 50 articles aussi bons et moins chers ». Nouvelle date importante de l'histoire du commerce au XIXe siècle, Carrefour fait immédiatement école. On assiste à l'arrivée des « Produits oranges » chez Euromarché ou encore des « Produits familiaux » dans les Mammouth, C'est le grand retour des produits maisons, des MDD (Marques de Distributeurs)

– Création d'un nouveau GIE par Michel Montlaur mais, cette fois-ci, avec le lyonnais Robert Arlaud.

– Promodès détient, désormais, 80 % de Nord-Ouest d'Alimentation (SNOA) qui contrôle 20 % du capital de Promomag-Continent. Le groupe Vilot, à la suite d'une décision du tribunal de commerce de Paris, reprend 70 % du capital de la Sidef et 50 % de celui de Conforama France.

– La Socadip, qui fête son 10e anniversaire, se place au 2e rang des centrales d'achat françaises (17 milliards de francs).

– Introduction à la bourse de Paris de l'action Darty.

1977

– Viniprix, Berthier-Saveco et La Beaujolais-Vegaprix regroupent leurs activités. Ces trois sociétés détiennent 64 % d'Euromarché.

– Les Comptoirs Modernes lancent une OPE amicale sur la Société Economique de Rennes qui vient d'acquérir sept supermarchés en provenance des Docks de l'Ouest. Les pourparlers de rapprochement avaient débuté en 1966

– Promodès prend le contrôle de deux sociétés : l'Economie Bretonne à Brest et l'Aquitaine à Bordeaux.

– Ouverture à Paris, à côté de la tour Montparnasse, de la plus grande boucherie du monde (une boucherie Bernard de 1 200 m^2) et du 280e Monoprix dans le centre commercial de Beaugrenelle à Paris.

– Carrefour s'associe à Castorama pour créer une filiale commune, Castorama Expansion, destinée à développer un programme de grandes surfaces spécialisées.

– Mammouth lance 43 produits familiaux.

– Euromarché, de son côté, lance 66 produits Orange.

1978

– Accord logistique Printemps Promodès : le premier approvisionne le second en marchandises générales lequel fournit les magasins populaires en épicerie.

– Cora lance à son tour 70 « produits drapeau ».

– Promodès assure le contrôle de l'Union de Cholet et prend la majorité de l'Etoile de l'Ouest.

– Introduction à la bourse de Paris de l'action Euromarché.

– Rapprochement des Comptoirs Modernes et de l'Union Commerciale par le biais d'une nouvelle OPE.

– Naissance de Ed, enseigne de hard discount exploitée par la société Erteco (45 % Radar, 45 % Carrefour, 10 % Simon-Bertaud, créateur des magasins Archibas).

– Les Record de Nantes (ex Decré) prennent l'enseigne Mammouth.

– Les trois GEM de Goulet-Turpin prennent l'enseigne Euromarché.

– Promodès fusionne l'Aquitaine, l'Economie Bretonne et Nord-Ouest Alimentation au sein d'Amidis.

1979

– Promodès prend en affiliations deux grossistes démissionnaires de Sopegro, Soladi à Carcassonne et Broussou à Béziers et rachète un ex affilie Spar : Villot dans les Ardennes.

– Les Docks de France prennent le contrôle de la Cofradel à Lyon qui était dans le collimateur de Félix Potin, rachetant massivement des titres depuis plusieurs mois.

– Promodès rachète la société d'exploitation commerciale Goulet-Turpin (Amidis prend 30 % et Prodis 40 %).

– Bras de fer à Lyon : Félix Potin-Primistère détient 42 % de la Cofradel et les Docks de France contrôlent 52 %.

– Genty-Cathiard quitte le Gagmi pour la CIM (Promodès).

– Casino et Gb Inno BM fondent France Quick afin d'exploiter des fast food.

– Promodès entre à la bourse de Paris.

– Les Comptoirs Moderne prennent le contrôle (75 %) de Badin-Defforey.

1980

– La Ruche Picarde rejoint le groupe Docks de France.

– Promodès s'installe aux Etats-Unis en rachetant la chaîne Red Food Stores dans le Tennessee.

– Carrefour et la Standa signent un accord et créent Euromercato SPA. Carrefour apporte son magasin de Carugat, la Standa ses deux hypermarchés Euromercato

– Introduction en bourse de la Fnac.

– Le Suma de Parly II est le premier à s'équiper de caisses à lecture optique.

1981

– Promodès lance une OPA sur la société Amidis, laquelle fait de même sur les Docks Ardennais.

– Labruyère-Eberlé (affilié Promodès) prend une franchise Carrefour et ouvre un magasin à Crèches-sur-Saône. Question : Labruyère-Eberlé pourra-t-il être à la fois affilié Promodès (qui développe son enseigne d'hypermarché Continent) et franchisé Carrefour ?

– Darty lance à Bondy une nouvelle chaîne de magasins de sport : Sparty.

– Rallye prend 20 % de la société américaine Athletic-Attic (300 magasins).

1982

– L'Union des Coopérateurs de Bretagne dépose son bilan à Lorient. C'est le premier dépôt de bilan d'une coopérative de consommateurs en France.

– Création de l'Institut du Commerce et de la Consommation (ICC) par Jean-Louis Descours (alors président des chaussures André) et plusieurs grandes entreprises de distribution. Cette association privée d'intérêt général regroupe (là est son originalité) : magasins populaires, magasins à succursales multiples, grands magasins, hypermarchés, VPC et des commerçants indépendants associés au sein de groupements d'achat ou de chaînes franchisés. L'association a pour objectif de faire connaître la fonction commerciale dans sa diversité pour qu'elle sa vraie place dans le débat économique et social. L'association fut dissoute en 1996

1983

– La participation de la GMF dans la Fnac dépasse 10 %. La SGCC en possède 50,08 %.

– Genty-Cathiard prend le contrôle de l'Allobroge.

– Auchan prend une participation dans Boulanger qui n'a pas tardé à être en France l'un des grands spécialiste de ventes « multimédia »

– Carrefour rachète à Radar les 50 % que cette société détenait dans Erteco.

– La Samaritaine ferme son magasin des Quatre Temps et annonce qu'Euromarché va reprendre la surface qu'elle libère à Rosny II.

1984

– Création de la super centrale d'achat : Arci-Association qui regroupe Auchan, BRMC, Carrefour, Casino, Comptoirs Modernes, Erteco, Fol, Metro, Miniper, Promodès et Sodice (100 milliards de francs de volume de chiffre d'affaires.

– Reprise par Somabri (filiale de bricolage de Casino de GB Inno BM) de Obi France (filiale du groupe Poliet).

– Rallye prend une participation majoritaire dans Athlete's Foot (cent magasins aux Etats-Unis).

– Cora prend le contrôle de quinze hypermarchés Radar et le groupe Printemps prend celui de Disco.

– Un rapprochement est envisagé entre Codec et Unico.

1985

– Arlaud change de nom et devient Hypercord groupe Arlaud. Le groupe Arlaud et As Eco constituent un GIE de réflexion dans les domaines commerciaux, logistiques et de gestion.

– La Sapec et l'ANPF signent un accord de coopération.

– L'enseigne Monsieur Bricolage est mise à la disposition des adhérents des deux groupements.

– Les « produits drapeau » deviennent des marques d'enseigne : Carrefour (ex produits libres), Continent (produits blancs), Euromarché (produits orange).

– Docks de France rachète à Primistère les 40 % que cette dernière possédait encore au capital de Cofradel.

– Ouverture en mai d'une première usine Center à Gonesse.

– Casino rachète la Cedis et quitte Arci pour Paridoc-Contact.

– Les Coop se séparent de la Fnac qui passe dans le giron de la GMF, actionnaire majoritaire, et s'associent à Carrefour au sein de Carcoop (50/50) pour gérer les quatre hypermarchés Rond-Point de l'Union Coopérative de Supermarchés.

– Paridoc et Socadip mettent fin à Serfaal, centrale d'achat de Contact.

– Habitat entre au capital de la Fnac.

– A la Ville du Bois dans l'Essonne, le magasin Continent, récemment inauguré, ouvre ses portes le dimanche mais les ferme le lundi. L'expérience fera long feu.

– Promodès et la Sodice, filiale de Labruyère-Eberlé, renforcent leurs accords. Promodès prend 10 % de Labruyère-Eberlé.

– Le groupe Rallye rachète les Coopérateurs de Bretagne.

– Primistère prend le contrôle de 51 % du capital de Radar, les Galeries Lafayette en détenant 29. Cora, qui en avait 22 %, les cède à Primistère.

– Création de Telemarket, premier supermarché à domicile.

– La Samaritaine cède ses grands magasins de Vélizy et de Cergy à Auchan.

– Paridoc lance des premiers prix, les produits Combat.

– Genty-Cathiard cède à Carrefour 50 % de GSD, trois hypermarchés.

– Auchan prend le contrôle de Boulanger.

– Promodès cède au Printemps sa participation de 43 % dans Disco et les Magasins Réunis 20 % du leur au Printemps.

– Francap lance les enseignes Tigre et Coccinelle.

– Les Economats du Centre passent en décembre sous le contrôle des Docks de France.

1986

– Euromarché rachète fin octobre, la chaîne Bricorama à la Scac, appartenant depuis mai au Groupe Bolloré Technologies

– La Redoute lance à Budapest un Rendez-vous Catalogue. Ce premier bureau est appelé à se développer en Hongrie et Allemagne de l'Est

– Ouverture au Canada de West Edmonton Mall le plus grand centre commercial du monde ; il dispose de 450 000 m^2 de surface de vente.

1987

– Carrefour, Auchan et Promodès quittent la centrale Arci en février, laquelle annonce sa dissolution.

– Le Printemps prend 14,66 % de La Redoute.

– André lance les Halles de la Maison.

– Gosport fusionne avec Sparty.

– Carrefour s'invite au capital de But International à hauteur de 40 %.

– Intermarché ouvre son premier magasin Ecomarché.

– Casino et Wagons-Lits s'associent dans le domaine de la préparation des plats cuisinés frais.

– Regroupement des activités de Promodès et de Labruyère-Eberlé.
– Casino teste les premières étiquettes électroniques de gondole dans un supermarché de Saint-Etienne.
– Le Disque Bleu rachète les Docks de Blois (trois cents magasins).
– Intermarché rachète à Jean Hass As-Eco.

1988

– Le Printemps détient en janvier 35 % du capital de La Redoute.
– La centrale CoMetCa (Comptoir, Metro, Casino) est remise en activité après la disparition d'Arci.
– Ouverture du premier Aldi à Troyes dans le Nord.
– March acquiert 5 % de Carrefour.
– Paridoc lance en mai une première expérience de transmission par satellite avec Mood Media.
– Reprise de Darty par ses salariés (RES)
– Carrefour devient actionnaire à hauteur de 35 % de Dubois Investissements qui détient 95 % de Castorama. Carrefour revendra cette participation en 1993 avec une plus-value estimée à 1,7 milliards de francs.
– Les Coop de Champagne quittent Codec et se rapprochent de Promodès.
– Casino absorbe ses filiales Cedis, Epargne et Somaca.
– Pier Import est, à son tour, racheté par ses cadres (RES).
– Gosport et Spao (Arlaud) se rapprochent.
– Promodès reprend la division supermarchés de Primistère (150 unités.
– En octobre, le groupe Pinault fait son entrée au second marché de la bourse de Paris.

– En novembre, le Bon Marché va devenir la société mère de Conforama et renforce sa participation dans la Belle Jardinière.

– Le premier Virgin Megastore ouvre à Paris sur les Champs Elysées. Rapidement Virgin Megastore est devenue une chaine mondiale de commercialisation de biens culturels, créée par le Britannique Richard Branson et qui a fait suivant les pays partie de Virgin Group.

– De nombreuses enseignes ont fermé dans les années 2.000. Ainsi, la division Virgin Megastore France est placée en liquidation judiciaire avec les 23 magasins restant dans l'hexagone. Toutefois, Virgin Mefastore continue d'exister sur le Net (virginmega.fr)

– Rallye rachète Disque Bleu et lancc une OPA sur la Ruche Méridionale.

1989

– La CFAO se fait le « chevalier blanc » pour contrer l'OPA de Rallye sur la Ruche Méridionale en proposant d'acquérir toutes les actions.

– Les Coop de Champagne adhèrent à la centrale alimentaire de Promodès, la Cap.

– La CFAO remporte l'OPA sur la Ruche Méridionale, avec un allié de poids : François Pinault

– Lidl ouvre quatre magasins en Alsace-Lorraine.

– Cora rachète la SES et développera l'enseigne de supermarchés Match.

– Casino signe un accord européen avec le Britannique Argyll et le Néerlandais Ahold. -Dans la foulée, ERA et AMS sont créés.

– Casino quitte Paridoc.

– Le BHV devient filiale des Nouvelles Galeries.

– Docks de France lance une OPA sur Cofradel et les Economats du Centre.

– Toys'R'Us ouvre son premier magasin en France.

– Comptoirs Modernes lance une OPE sur Major Unidis.

– Rallye rachète Genty-Cathiard.

1990

– Les Comptoirs Modernes contrôlent 99 % du capital de Major Unidis.

– Les Docks de France et la Société Alsacienne de Supermarchés (SASM) prennent des participations croisées : les Docks ont 17 % de la SASM, cette dernière 4 % de la première.

– Badin-Defforey cède à Casino 51 magasins de proximité.

– Le Mutant, enseigne hard discount des Coopératives de Normandie, ouvre son premier magasin en région parisienne.

– François Pinault prend 20 % de la CFAO.

– Promodès acquiert en Allemagne 47 Plazza (Coop). Et rachète 950 petits supermarchés de la chaîne Dirsa en Espagne.

– Casino rachète la Ruche Méridionale à la CFAO.

– Codec dépose son bilan en août.

– Cora prend le contrôle des jardineries Truffaut.

– Système U, Intermarché et Promodès se partagent Codec.

– Jean Baud crée en octobre l'enseigne Leaderprice.

– Promodès reprend 32 magasins Codec, 3 entrepôts et la CGL, filiale commune de Codec et de G20.

– Anzi s'affilie à Promodès.

– Arlaud signe en décembre un accord de franchise avec Continent.

– Casino vend 173 stations essence à Shell et Agip.

1991

– Les Mousquetaires (Intermarché) lancent les Comptoirs Des Marchandises (CDM).

– Carrefour reprend Montlaur (11 hypermarchés, 3 supermarchés, 4 jardineries, 7 cafétérias et 9 galeries marchandes) et crée une filiale commune avec Groupama pour vendre des assurances dans ses magasins.

– Carrefour rachète Euromarché, ainsi se termine le duel auquel se sont livrées les deux enseignes pendant une quarantaine d'années

– Promodès s'associe avec l'italien Garosci, dont les trois hypermarchés prennent l'enseigne Continente.

– Un groupe d'investisseurs prend 50 % de la Coficam (qui contrôle le groupe Rallye à 62,75 %) : Euris pour 50 %, Clinvest pour 25 %, Le Crédit Agricole via Unicrédit (20 %). -La famille Cam conserve 50 % de la Coficam Disparition de la Socadip après le rachat d'Euromarché par Carrefour et des Nouvelles Galeries par les Galeries Lafayette.

– Speedy rachète Plein Pot.

– Carrefour prend une participation de 10 % au capital de Picard Surgelés.

– Casino cède France Plats Cuisinés à BSN.

– Adhésion des Coop de Saintes à Paridoc.

– François Pinault prend le contrôle du Printemps en rachetant la participation des frères Maus. Il apporte en contrepartie Conforama.

– Promodès prend 50 % de trois filiales des Coopérateurs de Champagne : hypermarchés, supermarchés et entrepôts.

– Promodès prend 10 % du capital d'Arlaud (Promodès et la banque Neuflize Schlumberger Mallet détiennent de leur côté 40 % d'Arlaud.)

1992

– Casino vend sa participation dans la chaîne de restaurant Hippopotamus au groupe Flo. En mars, il revend plusieurs installations industrielles : viande, viennoiseries.

– Promodès prend en affiliation plusieurs magasins Euromarché des Dom-Tom qui arborent l'enseigne Continent.

– Carrefour vend à Castorama la chaîne de magasins Bricorama (héritage d'Euromarché).

– Les Comptoirs Modernes lance leur chaîne de Convenience Stores : Comod-Marché Plus. Structure

– Catteau repris par le distributeur Britannique Tesco, devient Tesco France

– Le Printemps rachète Conforama.

– En juin, Casino prend le contrôle des activités de distribution et de restauration du groupe Rallye et vend plusieurs activités industrielles : épicerie, chocolat.

– Fusion des Galeries Lafayette avec les Nouvelles Galeries.

– L'enseigne de hard discount de Promodès, Dia, est lancé dans la région Paca. Par ailleurs, Promodès obtient le feu vert de la Commission Européenne pour racheter BRMC.

– Casino et Rallye fusionnent en octobre.

– Le Furet du nord ouvre à Lille la plus grande librairie du monde (7 000 m^2).

– Ikéa rachète Habitat Europe.
– Darnal Expansion prend le contrôle de Pier Import.
– Migro (Suisse) s'affilie à Hypersélection (groupe Cora) pour ses futurs hypermarchés en France.
– Catteau, repris par la chaîne britannique Tesco, devient Tesco France.
– Les supermarchés PG (Boulogne-sur-Mer) adhèrent à Paridoc. ils seront suivis par Schiever.
– Promodès rachète les 34 *cash & carry* de Disco.

1993

– La Di-Fra disparaît en janvier ainsi que la Casal.
– Catteau s'affilie aux centrales du groupe Cora : Loceda et Hypersélection.
– Kingfisher prend le contrôle de la financière Darty.
– Intermarché rachète la société Claude Léger, spécialisée dans les plats cuisinés surgelés et rachète par ailleurs un bateau pour fournir ses magasins en poissons surgelés.
– Promodès contrôle 34 % du capital d'Altis, filiale française d'Eroski.
– Carrefour cède en avril les 28,8 % qu'il détient dans Dubois Investissements à plusieurs banques d'affaires.
– Le groupe Docks de France prend le contrôle de la SASM (Société alsacienne de supermarchés).
– La GMF vend la Fnac à Altus Finance et à la CIP.

1994

– La SCA Casino, société en commandite par action, devient une SA à directoire et conseil de surveillance. Pendant 96 ans Casino a gardé cette structure juridique ; les dizaines de représentants de la famille Guichard qui se sont succédé au Conseil de gérance étaient des Gérants commandités.

– Carrefour s'implante au Mexique et en Malaisie.
– Auchan et Leclerc prennent pied en Pologne.
– Pierre Gourgeon devient président d'Intermarché. Le patron de ITM (Intermarché) est à la tête de ce « Groupement des Mousquetaires » qui en 1996 devait réaliser 128,66 milliards de francs de chiffre d'affaires, avec 70.000 salariés et 2.700 entreprises indépendantes fortes de 1.650 supermarchés, 340 Bricomarchés, et 250 Ecomarchés
– Le groupe textile BMC se diversifie avec l'enseigne Loisirs et Créations.

1995

– Carrefour s'implante en Chine.
– Système U compte quatre centrales régionales.

1996

– Création par Casino de Spar France. Georges Plassat succède à Antoine Guichard à la présidence du directoire. Accord passé avec Monoprix (achat et logistique).
– Prise ce contrôle du groupe Docks de France par Auchan.
– Rachat par Promodès de Félix Potin.

1997

– Création par Promodès d'une marque bien française : « Reflet de France » Le concept repose sur la recherche et la vente de produits du terroir. Il faut savoir que qu'Auchan qui s'était vu proposer ledit projet l'avait repoussé. Ainsi du fait de sa reprise de Promodès, « Reflet de France » appartient à Carrefour et a enrichi la gamme des MDD (Marques De Distribution) de l'enseigne. Née de la volonté de coopérer avec des PME autour d'un projet commun, la marque Reflet de France est entièrement dédiée aux produits issus du patrimoine culinaire Français.

– Rachat par Cora de trois hypermarchés Mammouth au groupe Bresson.

– Carrefour lance Escapades Gourmandes et Carrefour Bio.

– Le rachat de Spar Handels AG hisse les Mousquetaires au deuxième rang de la distribution européenne avec un chiffre d'affaires évalué à 185 milliards de francs.

– Promodès lance une double OPA sur Casino et Rallye.

– Christian Couvreux succède à Georges Plassat. Casino acquiert les réseaux Franprix et Leaderprice et prend 21,4 % du capital Monoprix-Prisunic.

– Lancement par Leclerc du label Marques Repères.

– Le passage sous enseigne Auchan des 31 Mammouths ex-groupe Docks de France de plus de 6 000 m^2 est planifié sur 12 à 18 mois.

– Acquisition par Promodès de la chaîne de supermarchés Catteau (Tesco _France)

1998

– L'OPA de Promodès sur Casino s'est achevée sans succès le 15 janvier. A l'issue d'une OPE lancée par Rallye sur Casino, Jean-Charles Naouri devrait prendre le contrôle du groupe stéphanois.

– Carrefour prend le contrôle des Comptoirs Modernes.

– Ouverture à Lyon du premier petit Casino 24.

– Création par Leclerc de l'enseigne de parfumerie sélective « Une heure pour soi ».

– Promodès prend des participations minoritaires dans GB en Belgique, Norté en Argentine et GS en Italie et lance Destination Saveurs.

1999

– Le rapprochement Carrefour Promodès fait de ce nouveau groupe le troisième distributeur mondial.

– Création de la centrale d'achats Opéra commune à Casino et Cora.

– Casino Guichard réintègre l'indice CAC 40 en remplacement d'Usinor.

– Lancement par Casino de cmescourses.com à Lyon.

– Leclerc et Système U créent une centrale commune Lucie.

EPILOGUE

Je m'interroge…

En guise de conclusion à ce livre dédié à La Grande Farandole du Commerce, je me suis interviewé, me posant quelques questions que le lecteur aurait peut-être souhaité me suggérer.

Quelle est la personnalité qui, selon vous, a eu la plus grande incidence sur l'évolution du commerce en France et en Europe ?

A la première place, et pour certains lecteurs contre toute attente, je place sans hésitation le Colombien Bernardo Trrujillo, l'oracle de la NCR à Dayton. A partir de la fin des années 50, le commerce français lui doit sa spectaculaire renaissance. N'est-il pas selon les plus fins observateurs de l'histoire du commerce : *« L'homme qui a fait passer le commerce français de l'ère de la brouette à celle du Caterpillar »* Sa recette a fait merveille pour certains, qui ont pensé à son instar que pour réussir, quand on tenait boutique, il suffisait de *« Nicher un ilot de perte dans un océan de profit »* Baliverne pour une autre immense personnalité du commerce de France : Edouard Leclerc. Pour ce dernier *« Seule la pratique de prix « dramatiquement bas » sur tout »* l'assortiment qu'un magasin peut vendre est le seul moyen pour se donner l'image justifiée d'un « massacreur de prix ». Ce qui implique : être 24 h sur 24h 300 jours par an un authentique « mini margeur ».

Comment ne pas citer dans ce « Top » Marcel Fournier, l'homme qui, hors normes établies, a inventé l'hypermarché. Il était et reste toujours considéré notamment par ses pairs capitalistes comme l'incontestable porte –drapeau du commerce moderne.

Jean Pierre Le Roch qui prétendait mordicus ne pas être commerçant, a tout appris de Leclerc quant au discount ; il aura apporté à la formule, outre son courage d'entrepreneur, un sens évident de l'organisation et de la méthode, héritage de son passé d'industriel de l'automobile.

Tombé dans un oubli, qui d'ailleurs ne le toucherait pas, Roger Berthier est très souvent cité comme celui qui même avant Leclerc, a dérangé la France profonde du commerce. Le premier il a eu, avec « La Maison du savon » l'idée de pratiquer des prix dramatiquement bas. Il est, ainsi et sans conteste, le pionnier du discount en France.

Jacques et Denis Defforey, ce dernier ayant en son temps succédé à Marcel Fournier à la présidence de Carrefour, sont considérés comme les metteurs en musique de la philosophie Carrefour. Ils ont importé en France le principe de subsidiarité. On leur doit d'avoir amené l'ensemble des entrepreneurs du commerce, par nature Jacobins, à adopter un management plus décentralisé.

Le centre commercial régional représente, aux côtés de l'hypermarché, l'un des fondements de la révolution du commerce français. Il est évident qu'une belle unanimité s'est faite et perdure pour rendre à Jean-Louis Solal, ce qui n'appartient pas à César. Dans cinquante ans on se souviendra de Leclerc, de Carrefour et de Parly II.

Gérard Mulliez c'était l'intelligence conquérante. Dès son deuxième hypermarché Auchan ; était établi un véritable plan d'occupation des espaces commerciaux l'environnant. Ces mosaïques d'enseignes réputées attestent du succès d'une diversification active, voulue par le fondateur d'Auchan.

Paul Louis Halley, reconnu comme un fin diplomate, était un fédérateur né. On lui sait grâce d'avoir sauvé du déclin une partie du monde des grossîtes. Son arche de Noé Promodès a fait longue et belle école. Paul Louis Halley, avait l'art et la manière, à l'instar de Gérard Mulliez, de démontrer qu'une très grande entreprise, à vocation multinationale pouvait toujours avoir à sa base un actionnariat familial solide et uni.

Antoine Guichard de la dynastie du même nom, a pris sur le tard le pouvoir chez Casino. Volontiers un peu marginal, celui qui a sauvé son groupe familial d'une déconfiture annoncée faisait montre d'une imagination féconde. Elle lui a permis dans des conditions parfois périlleuses, de toujours trouver les solutions qui convenaient à la pérennité de l'entreprise.

Avec le recul du temps, peut-on cerner les raisons, des échecs de certaines entreprises de distribution et sans doute, également, celles de la réussite d'autres ?

Il n'y a pas de réussite sans un actionnariat très uni et bien en ligne derrière le président de l'entreprise. Cela implique de la part du chef d'entreprise de cultiver avec soin et grande attention son actionnariat familial. L'ont très bien fait : Promodès Carrefour Casino Auchan. En revanche, beaucoup de disparition ou au mieux d'absorption ont eu pour origine des dissensions au sein des héritiers. Avant hier : l'Economique de Rennes l'Union commerciale Goulet Turpin Cedis Rallye et la SASM et plus récemment les Docks de France. Versus pérennité d'une entreprise, on ne peut qu'être convaincu qu'elle repose sur les mesures prises par ses dirigeants pour assurer leur succession. Il y a eu dans ce domaine de très belles passations de pouvoir : Paul Auguste Halley (Promodès) à ses fils Paul Louis et Roberta Raymond Gouloumès (Comptoirs Modernes) à Jean Claude Plassart-Jean Pierre Le Roch (Intermarché) à Pierre Gourgeon-Gérérd Mulliez (Auchan) à Christophe Dubrulle-Antoine Guichard (Casino) à Georges Plassat-Jean Pierre Le Roch (Intermarché) à Pierre Gourgeon-Edouard Leclerc (Galec) à son fils Michel-Edouard.

Quels auront été les plus grands chocs vécus par le commerce et la distribution au cours de ses « grandes glorieuses » ?

Il ya eu des changements de propriétaires inattendus et de très grande portée. La reprise d'Euromarché par Carrefour fut un choc. A l'origine, la famille Mauss actionnaire de référence du Printemps accuse aux Etats Unis des pertes très sévères telles que non seulement le Printemps n'est plus en capacité de reprendre Euromarché, comme historiquement envisagé, mais que la famille se trouve dans l'obligation de céder la majorité du Printemps. Une des conséquences de ce changement de programme est l'arrivée de François Pinault à la tête du groupe PPR (Printemps Pinault Redoute) dont il est l'actionnaire le plus important. Ce qui aura été une étape de très grande importance dans la liste des faits et évènements ayant jalonné l'histoire du commerce.

La reprise de Rallye par Casino, alors que les Stéphanois avaient déjà quelques difficultés à digérer la Ruche

Méridionale a été une surprise. L'événement fut regardé par les observateurs comme un sacré coup de poker ; celui qui le premier a jeté les dès a gagné.

Un autre choc, « ne manquant pas de sel... » fut sans conteste l'OPA lancée par Auchan, un « indépendant » si fier de l'être sur Docks de France, un succursaliste de la première heure, en excellente santé et si bien noté en Bourse, ceci explique cela.

1997 aura vu Carrefour profiter du différend entre les propriétaires de Cora pour en prendre une minorité significative. Là encore ce fut un choc aux lendemains marqués par nombre d'incertitudes.

A l'aube des années quatre-vingt-dix, on se posait la question : pensez-vous que certaines grandes entreprises du commerce français pourront rester longtemps encore la propriété des familles fondatrices ? Qui a vécu a vu. De par le monde, on rencontre de très grands groupes de distribution, la plupart du temps multi formats, restant la quasi-propriété de leurs fondateurs. A l'instar du monde industriel, l'univers très fermé du commerce a vu arriver une nouvelle race d'entrepreneurs : les stratèges financiers. L'histoire nous a enseigné qu'il n'y avait pas de règle dominante pour savoir si les grands groupes de distribution devaient être dirigés de préférence par des grands financiers (Pinault-Arnault-Naouri) s'intéressant « aux choses » du commerce, ou par des grands commerçants internationaux, ne faisant pas, pour autant, fi des stratégies financières de leurs entreprises.

Les fonctions clés rencontrées au sein des entreprises du commerce se sont elles beaucoup transformées ?

Il convient de souligner la puissance de l'acte d'achat. Mais Dieu merci il a évolué dans le bon sens. On achète sans doute moins de « conditions d'achat » mais davantage de réponses précises aux attentes des consommateurs. Il est significatif de voir que nombre d'entreprises de distribution réunissaient sous une même direction : marketing achats et logistique. (à l'époque de leurs heures glorieuses, quand elles étaient encore légions). Ces évolutions ont contribué à faciliter les rapports avec les fournisseurs du commerce.

Quelles sont les qualités le plus souvent rencontrées chez les grands entrepreneurs du commerce du XXᵉ siècle ?

Ils en avaient beaucoup : une grande intelligence doublée d'un solide bon sens accompagnés chez nombre d'entre eux d'une grande puissance de travail. La plupart faisaient montre d'une grande force de caractère et d'un certain talent à communiquer. J'aurais garde d'oublier leur capacité évidente et indispensable à entrainer leurs collaborateurs.

Et leurs défauts ?

Sans doute, et ils le reconnaissent globalement, ces mêmes grands distributeurs d'un autre siècle faisaient montre d'une certaine arrogance, d'un soupçon d'égoïsme, et, mais oui : d'une âpreté au gain, au demeurant bien naturelle pour un commerçant.

CONCLUSIONS

Ainsi s'achève cette esquisse de l'histoire de la « Grande farandole du commerce en France ». Elle était accompagnée d'un belle musique sur : les concentrations, fusions et autres regroupements. C'est sur ce dernier terme que nous avons souhaité axer nos propos de conclusion.

Les entreprises de distribution, au demeurant comme toutes les autres entreprises, ont connu, connaissent et connaitront une phase de développement plus ou moins longue, suivie d'une période de maturité lorsque la place sur leur marché a été trouvée et se trouve bien « assise » Une fois le calme de la maturité atteint, on constate très souvent deux phénomènes inquiétants soit :

Une dégradation de la rentabilité car le compte des résultats se présente très schématiquement ainsi sur le long terme :

… La marge évolue, en gros, suivant l'augmentation des dépenses des consommateurs.

… Les autres charges d'exploitation également ;

… Les frais de personnel, en revanche, progressent plus rapidement et c'est bel et bien ce qui représente l'élévation du niveau de vie des « travailleurs », même si ces derniers la trouvent trop lente. Cette phase passée la tendance profonde demeure… De même, les périodes de stagnation des salaires réels existent aussi, mais ne sont pas immuables.

Un rétrécissement de la zone de chalandise devient de plus en plus évident.

Du fait du développement de la concurrence. Là également, le phénomène n'est pas linéaire certes, mais il est inéluctable. Même, si la zone de chalandise est vaste (c'est et ce sera de plus en plus le cas de ce dernier venu qu'est l'e-commerce. En effet, la concurrence n'est pas inactive.

Tout ceci montre bien que l'immobilisme est la pire des choses et que les entreprises de distribution, à l'instar des autres d'ailleurs, doivent s'adapter en permanence à l'évolution de leur marché, ceci étant en respectant une règle d'or : apporter sans cesse quelque chose de nouveau au consommateur. En effet toute tentative d'augmentation de la marge sans changement aboutit toujours à un échec.

Sous quelles formes se traduit cette adaptation, c'est-à-dire ce nouvel apport ?

a) L'expansion soit

- L'ouverture de nouveaux points de vente (directement ou sous forme de franchise ; c'est la croissance endogène ;
- Expansion externe, c'est la croissance exogène, surtout matérialisée par les fusions et absorptions, mais aussi par les associations diverses avec d'autres entreprises, comme par exemple la constitution de « super centrales d'achat »
- L'augmentation des capacités de prise de commande et de livraison pour les ventes à distance.

b) La diversification

Souvent appelée aussi déspécialisation, c'est à dire, l'ouverture de l'éventail de l'offre. A ne pas confondre avec la diversification financière (modification du tour de table). La diversification permet d'améliorer la position de l'entreprise, en matière d'achat par exemple.

c) La montée en gamme ou « standing up »

Vers des marchandises faisant l'objet de ventes moins fréquentes et nombreuses en quantité, mais plus rémunératrices en chiffre en chiffre d'affaires et en marges. Pratiquée assez lentement, elle permet aussi d'accompagner l'élévation du niveau de vie de la clientèle. Dans le domaine du loisir, le Club méditerranée est un bon exemple de cette évolution. Tous les Grands Magasins européens tirent actuellement leurs assortiments vers une offre très haut de gamme, recherchée par une clientèle très spécifique, internationale et disposant de moyens substantiels. Le grand magasin est passé en plus d'un siècle, de l'image du casseur de prix à celle d'un magasin haut de gamme.

d) Le développement des marques propres

La marque propre permet de fidéliser la clientèle, donc de protéger sa zone de chalandise. De plus, par rapport à la « MN » (Marque Nationale) la MDD (Marque de Distribution) se prête un peu moins à des comparaisons de prix avec la concurrence et procure, si elle est bien faite, de meilleures marges. Le « Bond en avant » de la marque de distributeur en 1976 a été à l'époque qualifiée de « deuxième génération du discount » (Produits libres CARREFOUR) ce qui était de bonne guerre sur le plan promotionnel, mais quelque peu exagéré.

Le talent des distributeurs a consisté, consiste et consistera à doser ces quatre mesures de survie et de développement en fonction du marché, de la concurrence et de leur culture propre. Ce dernier point est important car plus une entreprise grandit plus elle « s'embourgeoise », c'est-à-dire que l'ensemble des personnels a tendance à ne voir que le présent et souvent assez réticent aux nouveautés ou « aventures ».

On peut citer comme exemple pratiquement toutes les grandes entreprises qui ont mis en œuvre ces quatre formules simultanément ou successivement. Celles qui ne les ont pas (ou les ont mal) appliquées ont disparu (ex : Louvre-Magasins Réunis Samaritaine). Ou encore, 80 % des Entreprises à succursales multiples ou des établissements de gros qui n'ont pas su ou pu faire face à l'impérieuse obligation de se modifier ou de se momifier.

ANNEXES

I. LES LÉGISLATIONS SUCCESSIVES DU COMMERCE

La France « Mère des Arts, des Armes et des Lois » a toujours été portée à imaginer des réglementations à l'endroit du commerce.

Le XIXe siècle et la première partie du XXe siècle ont été marqués, en particulier en France, par le développement d'une spécificité du droit articulée autour de l'acte de commerce et concrétisant les « usages du commerce ».

Le mot « commerce » n'est apparu qu'à la fin du XVIIe siècle, se substituant progressivement au terme « négoce »

Le droit des négociants devient le droit des marchands, puis le droit du commerce. La loi des 2-17 mars 1791, dite décret Allarde, proclame la liberté du commerce et de l'industrie, alors que la célèbre loi des 14-17 juin 1791 dite Loi Le Chapelier, abolit les corporations et la réglementation des métiers.

Pour assurer l'unicité au plan national des règles de droit et l'accessibilité aux citoyens des dispositions légales, la codification est entreprise. C'est ainsi que le Code du Commerce, adopté en 1807 et entré en vigueur le 1er janvier 1808 s'est développé en France au côté du Code civil avec la concrétisation d'un droit des commerçants rattaché à l'acte de commerce... La spécificité d'une justice commerciale accompagne en France celle du droit commercial.

Cette spécificité demeure en droit français et la récente recodification du Code du Commerce a conduit à englober ce code dans la Loi sur les Sociétés, la Loi sur la Liberté des prix et de la Concurrence et la Loi sur le Redressement et la Liquidation judiciaire, pour s'efforcer d'en faire un texte compréhensible.

On constate toutefois le développement d'une spécificité du secteur du « commerce de l'argent » avec le Code Monétaire et Financier. La spécificité du droit commercial ne doit pas faire oublier la complémentarité du Code Civil.

In fine, il faut être conscient que le Droit Commercial, dans sa spécificité est battu en brèche par le Droit Economique avec comme épiphénomène récent les « Nouvelles régulations économiques. »

Entre 1958 et 1993 la France du commerce aura connu 35 années de réglementation

Les lois, circulaires et autres décrets qui ont le plus interféré l'histoire du commerce de 1958 à 1993. ont été singularisés par l'apposition d'étoiles. (De 1 à 3 ***)

1958 **

Antoine Pinay, ministre des Finances, fait prendre un décret interdisant le refus de vente et les **prix imposés** Les régimes complexes d'indexation des prix sont abrogés (SMIG excepté)

1959**

Le rapport Rueff-Armand, commandé par le Général de Gaulle, fait de la réforme des circuits de distribution l'un des piliers du redressement économique.

1960*

Joseph Fontanet, ministre du Commerce publie le 31 mars une circulaire explicitant les conditions d'interdiction du refus de vente et étend l'interdiction des prix imposés

1963*

Pour préparer les entreprises à l'extension de la TVA au stade de détail, Valéry Giscard d'Estaing (Secrétaire d'Etat aux finances) organise les Assises nationales du commerce. La même année, la loi du 2 juillet ne pourra que donner un sérieux coup d'arrêt à la modernisation du commerce en interdisant la revente à perte. Cette même loi jette les bases du droit de la consommation en prohibant la publicité mensongère. Où commençait-elle ? Et « quelles étaient ses limites ? »

1966***

Michel Debré, ministre des Finances et des Affaires économiques, étend l'application de la TVA au commerce de détail, ce qui va permettre l'essor du « Grand commerce »

« Appellation nouvelle ». Cette réforme entraîne la suppression de la taxe locale ainsi que la « double patente » (Gros et Détail) que seuls les succursalistes supportaient.

1967 et 1968*

L'interdiction des prix conseillés est renforcée par voie d'ordonnance

1969**

Les prémices de contrôle des grandes surfaces apparaissent. Yvon Bourges le ministre du Commerce et de l'Artisanat entend mettre en place dans chaque département une commission consultative d'urbanisme commercial. La même année, la Cour d'appel de Paris avalise le « discount » à travers le désormais célèbre arrêt Nivea –Carrefour. Après une longue procédure, ladite Cour d'appel a jugé que « la baisse permanente de tous les prix » ne pouvait être assimilée à du dumping. Une voie royale s'ouvrait ainsi au « discount ». Bien venue aux « mini-margeurs »

1970***

Une circulaire dite « Circulaire Fourcade » resserre la réglementation sur : la vente à perte, les prix d'appel et les annonces de rabais. Le Premier ministre, Jacques Chaban –Delmas enjoint aux préfets de faire preuve de « vigilance » dans la création des grandes surfaces.

1971***

L'affichage des prix dans les magasins est rendu obligatoire.

1972 ***

En France, les récriminations contre le développement des grandes surfaces s'amplifient. Pour pallier les mouvements d'humeur du « petit commerce » le Gouvernement impose aux magasins de plus de 400 m^2 ouverts après 1960 le paiement d'une taxe pour venir en aide aux petits commerçants âgés. Cette taxe est fixée à 2OF/ m^2. Elle sera doublée en 1991.

1973***

Le ministre du Commerce et de l'Artisanat Jean Royer (Député –maire de Tours). Fait approuver par le Parlement la loi d'orientation du commerce et de l'artisanat. Cette loi qui a tant fait connaître son géniteur stipulait : qu'à compter du 1er janvier 1974, toute demande de création de magasins d'une surface de vente supérieure à 1.500 m^2 (1.000 m^2 dans les communes de moins de 40.000 habitants serait soumise à autorisations préalables. Lesdites autorisations étaient délivrées par des « Commissions d'Urbanisme Commercial). Si contestation il y avait, il appartenait à une Commission Nationale d'Urbanisme Commercial de porter un jugement définitif.

1978**

Une nouvelle circulaire dite circulaire Scrivener sur les relations industrie-commerce est publiée. Elle soutient la loi Royer, sur les conditions discriminatoires de vente. Elle donne par ailleurs une définition du prix coûtant.

1981*

La loi instituant le prix unique du livre, appelée « Loi Lang » est approuvée à l'unanimité par le Parlement en juillet. André Delélis, ministre du commerce et de l'artisanat décrète le gel des grandes surfaces qui sera appliqué pendant un an.

1982**

La commission industrie commerce du CNPF publie en juillet ses « recommandations » en faveur d'une réduction du crédit fournisseur. L'entente intervenue sur ce chapitre, entre industriels et distributeurs, est inédite dans ce domaine. Elle marque ainsi le point de départ d'une série d'accords interprofessionnels qui vont ponctuer la décennie. Le dernier en date sera l'accord du 12 septembre 1989 sur les « éléments constitutifs du prix d'achat », plus connus sous le nom d'accord sur « le prix net ». Aucun de ces protocoles ne connaîtra véritablement une application sur le terrain.

1983

Aucun fait ou événement notoire

1984*

Jacques Delors ministre de l'Économie cherche à sortir de la réglementation des prix. Il publie, lui aussi sa circulaire, elle sur le thème de « la transparence tarifaire ». Elle pose la règle de la marginalité de la coopération commerciale.

1985***

Les super centrales d'achats apparues un an plus tôt sont condamnées par la Commission de la concurrence dans un avis rendu à Pierre Bérégovoy, alors Ministre de l'Economie et des finances. Ce dernier, fera approuver une nouvelle loi sur la concurrence. Celle--ci introduit la notion d'abus de situation de dépendance économique

1986*

Promulgation, le 1er décembre de l'ordonnance, dite « ordonnance Balladur »sur « la liberté des prix et de la concurrence » Tous les prix sont libérés à cette date. Date historique, car les prix pouvaient enfin être « librement déterminés par le jeu de la concurrence »

1987***

À la fin du mois de janvier, Edouard Balladur, ministre de l'Economie et des Finances, enjoint aux super centrales de se dissoudre. Ce sera chose faite, quelques mois plus tard.

1988**

La Cour européenne de justice, saisie par le tribunal de police de Falaise, affirme que la loi Royer n'est pas contraire au traité de Rome.

1989**

François Doubin, ministre du Commerce et de l'Artisanat, encadre « la franchise » en la dotant d'un statut et en assurant une meilleure protection des droits des franchisés. Quelques mois plus tôt la Commission de Bruxelles, reconnaissait que la Franchise ne pouvait être assimilée à une entente illicite.

1990**

L'étau de la loi Royer se resserre sur l'univers des grandes surfaces. La loi Doubin soumet désormais à autorisation préalable les lotissements commerciaux.

1991*

Le groupe d'hypermarchés Cora à la demande du ministre de l'Economie et des Finances est traduit devant le Conseil de la concurrence. Ce dernier accuse Cora de pressions abusives sur les fournisseurs après le rachat de l'Européenne de Supermarchés. Pour la première fois la notion d'abus de situation de dépendance économique est invoquée.

1992*

Les scandales financiers qui éclaboussent la gauche conduisent le Premier ministre Pierre Bérégovoy, à faire approuver une « loi anticorruption ». Elle va entraîner une réforme en profondeur de la loi Royer sur l'urbanisme commercial. Les pouvoirs de décisions sont désormais dévolus à une commission indépendante composée de magistrats. Les commissions départementales sont réduites au grand détriment des élus.

1993***

Dans l'attente d'une nouvelle réforme de la loi Royer Edouard Balladur annonce en avril la « suspension » des autorisations des grandes surfaces. La réforme a vu le jour en en novembre sous la forme d'un décret obligeant les entreprises à joindre à leur demande d'autorisation une étude sur l'impact de leur projet sur l'environnement commercial.

Rude année que 1993, Le ministre des Entreprises et du Développement économique veut, lui également, renforcer la législation sur la concurrence. Un projet de loi est mis à l'étude. Il donne à l'Administration la possibilité de saisir la justice en cas d'abus de situation de dépendance. Les retards de paiements seraient également sanctionnés. Pour la première fois, cette année-là, les premiers **contrôles de concentration** vont pouvoir être appliqués. Reprise de la SASM Société Alsacienne de Supermarchés par les Docks de France.

2000*

25 mars : proposition de loi tendant à protéger le patrimoine des artisans et commerçants.

2002*

12 février : proposition de loi relative au développement des petites entreprises (dont commerciales) et de l'artisanat.

2003**

16 janvier : proposition de loi tendant à soumettre à autorisation d'exploitation tout changement de secteur d'activité d'un commerce de plus de 300 m^2

23 février : proposition de loi tendant à préserver les services de proximité en zones rurales

2004*

Proposition de résolution tendant à la création d'une commission d'enquête sur le rôle des centrales d'achat dans la fixation des prix à la consommation et les délocalisations d'entreprise. (Proposition reprise en 2008)

2006**

25 octobre : proposition de loi visant à créer un Observatoire des pratiques du commerce international et de la mondialisation.

31 août : projet de loi portant sur la refonte du code de l'organisation judiciaire et modifiant : le code du commerce, le code rural et le code de procédure pénale.

2009**

Proposition de loi réaffirmant le principe du repos dominical et visant à adapter les dérogations à ce principe dans les communes et zones touristiques et thermale ainsi que dans certaines grandes agglomérations pour salariés volontaires.

2010**

Proposition de loi relative à la répartition des quatre dérogations annuelles d'ouverture le dimanche des commerces en Alsace –Moselle

2011**

Proposition de loi visant à compléter la loi du 2 août 2005 en permettant au conseil municipal d'exercer un droit de préemption sur la conclusion de chaque bail commercial dans le cœur des villes.

2012**

13 janvier 2012 : projet de loi renforçant les droits, la protection et l'information des consommateurs.

3 Juillet 2012 : proposition de loi visant à favoriser le pouvoir d'achat des Français.

20 septembre 2012 : proposition de loi tendant à garantir l'équilibre entre les différentes formes de commerce.

C'est incontestablement au cours de ces 35 années (1958/1993), sorte d'âge d'or du commerce, que les dispositions législatives en faveur (ou contre) le commerce auront été les plus prégnantes.

En reprenant la liste de la totalité des : lois, décrets, ordonnances et avis on remarque que le terme « projet de loi » est très souvent retenu. Et pour nombre d'entre eux, ces projets n'ont pas été concrétisés. Pourquoi ? Certains projets et non des moindres ont été déposés à des seules fins politiques pour répondre à la pression circonstanciée d'un certain électorat, petits commerçants notamment.

Autre observation, certaines lois ou autres mesures à caractère juridique se sont durcies, pendant que d'autres au fil des temps se sont « adoucies » voire sont tombées dans le plus total oubli, n'étant plus du tout adaptées aux évolutions économiques du monde du commerce et de la distribution.

D'évidence, on constate des dérives, parfois pernicieuses. À commencer par celles qui sont inhérentes à la célèbre loi Royer (Comment l'appeler autrement que du nom de son géniteur le maire de Tours). À ses origines, elle avait pour unique objet, dans un bel élan Jacobin, de mettre de l'ordre dans la maison. Et pour cela, mettre fin à l'anarchie du développement des grandes surfaces (72 hypermarchés ouverts en 1972)

Les effets profondément négatifs de ladite Loi Royer ont été nombreux, certains perdurent. On peut citer le renchérissement des terrains susceptibles de recevoir l'agrément des Commissions d'urbanisme Commercial (Départementales ou Nationales). Mais comment ne pas rappeler les : suspicions, compromissions, malversations, corruptions, qui ont plus ou moins marqué cette grande envolée du « commerce moderne ».

La classe politique et ses appareils de gouvernance ont toujours été persuadés qu'il convenait de mettre le commerce sous contrôle permanent et partant de réguler ses libres capacités d'entreprendre.

Dans ce dessein, elle a disposé d'un bien joli arsenal, certes les « lois » mais également les « circulaires » et « ordonnances » (plus faciles à concevoir et à mettre en application) mais encore des « décrets » et autres « avis ». 12 personnalités ont donné leur nom à : une loi, une circulaire, une ordonnance, un décret.

Il est évident que les deux « dispositions » ayant le plus interféré sur le monde du commerce sont : la Loi Royer (1973) avec ses aspects négatifs et l'ordonnance Balladur (1986) sur la « Liberté des prix et de la concurrence » si toutes ces mesures de haute surveillance, de coercition même, n'avaient pas été prises à l'encontre du commerce, on peut se persuader que la géographie des implantations de grandes surfaces aurait été mieux équilibrée et que, pour le plus grand bien des consommateurs, la concurrence aurait été plus vive. Que dire des économies qu'il aurait été alors possible de réaliser !

Durant ces quarante ans (1958/1999) l'univers de notre commerce à dominante alimentaire aura vécu 290 événements majeurs (environ 7 par an) qui dans leur ensemble ont été de grande portée quant à l'avènement puis à l'extraordinaire montée en régime du « Commerce moderne »

En 2010, demeuraient seulement une dizaine de grands groupes de distribution en France : Carrefour Casino Coop Alsace Cora Diapra Galeries Lafayette Leclerc Intermarché Béring (ex. PPR Pinault Printemps Redoute) Système « U » et 40 enseignes de magasins spécialisés

L'année la plus avare en évènements de grande portée aura été 1996 avec trois réalisations seulement mais il est vrai, dont deux majeures soit : La prise de contrôle du groupe Docks de France (ex-croquemitaine s'il en fût) par Auchan. Mais aussi le départ d'Antoine Guichard de la plus haute marche de Casino, remplacé par Georges Plassat qui prend ainsi la Présidence du directoire. En revanche avec également dix évènements « de poids » l'année 1991 aura été particulièrement riche (voir plus haut).

II. LE PANORAMA DES GRANDES ENSEIGNES DU COMMERCE MODERNE

Pour mémoire

Les définitions et l'appellation de l'Hypermarché sont à mettre au crédit de l'Institut Français du Libre Service (IFLS) créé peu après le magazine LSA (1958) par Jacques Pictet. Ce dernier fut en son temps le Secrétaire général de Paridoc (le plus important groupement d'achat et de service de France avec 24 adhérents) C'est en 1964 que l'IFLS estima qu'il était grand temps de mettre un peu d'ordre dans le monde encore nouveau du Libre Service. Rappelons ces différences de formats et de normes que furent et que sont restés les :

- Supérettes, magasins de surface de vente comprise entre 200 et 400 m^2
- Supermarchés, magasins de surface de vente allant de 400 m^2 à 2.500 m^2
- Hypermarchés, magasins de plus de 2.500 m^2.

Il est plaisant de signaler que la France est le seul pays au monde à avoir souhaité mettre en normes les différents magasins exploités en libre service. Pour les autres pays, il n'existait que les Libres Services et les Supermarchés. À ses origines les « experts » américains venant visiter les réalisations françaises du commerce de détail ne manquaient pas de trouver complètement hybride une très grande surface de vente présentant avec une politique résolument « discount » des produits « Food » mélangés avec des produits « non Food ». Les « discounts » américains se devaient d'être spécialisés. Sans aucun doute du fait que les réglementations sociales appliquées alors aux États Unis variaient en fonction de la nature des produits vendus et selon les Etats. Plaisanterie de l'histoire mondiale du commerce, son leader incontesté reste Wall Mart qui doit son immense succès domestique au fait d'avoir appliqué au pied de la lettre les règles originelles de l'hypermarché français. C'est en quelque sorte un bel hommage rendu aux fondateurs de Carrefour : Marcel Fournier, Jacques et Denis Defforey. Sur les 22 enseignes d'hypermarchés importantes qui couronnèrent les efforts des pionniers de ce format de magasin, typiquement français, seules huit enseignes sont encore apposées, le tiers des combattants de l'âge d'or de l'hyper : Auchan-Carrefour-Cora-Géant Casino-Hyper Intermarché-E Leclerc Hypermarché-Rond Point Coop-« U » Hypermarché. On remarque que les trois enseignes du secteur des coopératives de distribution (Leclerc-Intermarché et Système « U » représentent à ce jour 13,64 % du nombre d'enseignes. Ainsi c'est le groupement d'Edouard Leclerc qui en début d'année 2012 totalisait le plus grand nombre d'hypermarchés 493 magasins et la plus grande surface de vente dédiée à ces unités soit : 2,6 millions de m^2. L'enseigne Carrefour arrivait en seconde position (204 unités) auxquelles il conviendrait d'ajouter : les Carrefour Planet (19 dépassant les 2.500 m^2 de surface de vente) mais également 153 Carrefour Market qui sont de faux supermarchés et d'authentiques hypers. Ainsi ce décompte logique donne-t-il au groupe Carrefour 376 magasins qualifiés de l'appellation hypermarché disposant d'une surface globale de vente de 2.519.814 m^2. Au final, la France comptait en mai 2012 : 9,8 millions de mètres carrés en format hypermarché pour 1.795 magasins ayant une surface moyenne de vente de 5.460 mètres carres.

Actuellement les hypermarchés basés en France ont à faire face à des formes diverses et variées de concurrence. Certes, celle des grandes surfaces non alimentaires spécialisées, mais également celle des différentes formes de VAD (Ventes-À-Distance). La vente à distance a inventé la pratique des lieux d'enlèvements des produits ainsi commandés soit les « Drives ». Ces derniers sont les prolongements physiques du commerce en ligne. Le succès des « drives » est incroyable après tout juste 3 ans d'existence. La répartition des drives à la fin novembre 2011 pour la France s'établissait ainsi :

- E Leclerc 144
- Casino 90
- Auchan Drive 46
- Chronodrive (groupe Auchan) 40
- Carrefour 30

On misait sur un nombre minimum de 1.000 unités à la fin de l'année 2013, objectif très largement dépassé

Les enquêtes montrent que les clients de ce nouveau mode de vente sont plutôt des jeunes issus des grandes villes et appartenant à la classe moyenne supérieure. Pour eux, l'enjeu est d'abord à 89 % de gagner du temps.

Une autre remarque importante est à signaler pour explique une certaine perte d'attrait de l'hypermarché. Une raison majeure est la suivante. A ses jeunes années, l'hypermarché conservait par rapport à ses concurrents les plus en vue (certains supermarchés) un différentiel de prix de l'ordre de 20 %. Le compte n'y est plus, loin s'en faut. Lors de ses premiers pas l'hypermarché se développait en s'appuyant sur les « 3 C ». Soit :

- Crédit fournisseurs,
- Crédit –bail (leasing immobilier),
- Concours bancaires.

Pour demeurer un magasin d'attraction, l'hypermarché se doit de personnaliser son offre en l'adaptant le plus possible aux attentes de son marché local voire régional. Il lui faut, aussi et ainsi, présenter un assortiment intelligemment exhaustif. Enfin, dans le domaine alimentaire, il ne doit pas hésiter à être à l'avant-garde de nouveaux marchés tels les produits « bio » ou encore « Halal », comme il l'a été pour les produits surgelés et lyophilises.

Les définitions et l'appellation de l'Hypermarché sont à mettre au crédit de l'Institut Français du Libre Service (IFLS) créé peu après le magazine LSA (1958) par Jacques Pictet. Ce dernier fut son temps le Secrétaire général de Paridoc (le plus important groupement d'achat et de service de France avec 24 adhérents) C'est en 1964 que l'IFLS estima qu'il était grand temps de mettre un peu d'ordre dans le monde encore nouveau du Libre Service. Rappelons ces différences de formats et de normes que furent et que sont restés les :

- Supérettes, magasins de surface de vente comprise entre 200 et 400 m^2
- Supermarchés, magasins de surface de vente allant de 400 m^2 à 2.500 m^2
- Hypermarchés, magasins de plus de 2.500 m^2.

Il est plaisant de signaler que la France est le seul pays au monde à avoir souhaité mettre en normes les différents magasins exploités en libre service. Pour les autres pays, il n'existait que les Libres Services et les Supermarchés. À ses origines les « experts » américains venant visiter les réalisations françaises du commerce de détail ne manquaient pas de trouver complètement hybride une très grande surface de vente présentant avec une politique résolument « discount » des produits « Food » mélangés avec des produits « non Food ». Les « discounts » américains se devaient d'être spécialisés. Sans aucun doute du fait que les réglementations sociales appliquées alors aux États Unis variaient en fonction de la nature des produits vendus et selon les Etats. Plaisanterie de l'histoire mondiale du commerce, son leader incontesté reste Wall Mart qui doit son immense succès domestique au fait d'avoir appliqué au pied de la lettre les règles originelles de l'hypermarché français. C'est en quelque sorte un bel hommage aux fondateurs de Carrefour : Marcel Fournier, Jacques et Denis Defforey

Sur les 22 enseignes d'hypermarchés importantes qui couronnèrent les efforts des pionniers de ce format de magasin typiquement français, seules huit enseignes sont encore apposées, le tiers des combattants de l'âge d'or de l'hyper : Auchan Carrefour Cora Géant Casino Hyper Intermarché E Leclerc Hypermarché Rond Point Coop « U » Hypermarché.

On remarque que les trois enseignes du secteur des coopératives de distribution (Leclerc Intermarché et Système « U » représentent à ce jour 13,64 % du nombre d'enseignes. Ainsi c'est le groupement d'Edouard Leclerc qui en début d'année 2012 totalisait le plus grand nombre d'hypermarchés 493 magasins et la plus grande surface de vente dédiée à ces unités soit : 2,6 millions de m^2. L'enseigne Carrefour arrivait en seconde position (204 unités) auxquelles il conviendrait d'ajouter : les Carrefour

Market (19 dépassant les 2.500 m^2 de surface de vente) mais également 153 Carrefour Maret qui sont de faux supermarchés et d'authentiques hyper. Ainsi ce décompte logique donne-t-il au groupe Carrefour 376 magasins qualifiés de l'appellation hypermarché disposant d'une surface globale de vente de 2.519.814 m^2. Au final, la France comptait en mai 2012 : 9,8 millions de mètres carrés en format hypermarché pour 1.795 magasins ayant une surface moyenne de vente de 5.460 mètres carrés.

III. LES PRINCIPALES PERSONNALITÉS QUI ONT MARQUÉ LEUR TEMPS

EMMANUEL D'ANDRÉ

Emmanuel d'André qui a été le président du groupe « 3 Suisses International » tombe dès son plus jeune âge dans la bassine du marketing. Cette vocation, qui remonte aux bancs d'HEC, s'est encire raffermie à Sandford (USA) d'où il revient avec un brillant MBA. Ayant été « Vépéciste » en 1977, il occupe tout naturellement différentes hautes fonctions de Directeur Marketing et Développement, puis de coordination générale de groupes aussi diverses que : Camping Gaz, L'Express, Arthur D Little, Laplaud International. Pour une large part responsable du spectaculaire développement des « 3 Suisses » pendant plusieurs décennies Emmanuel d'André, au temps où il était aux affaires, restait persuadé que la réussite de toute entreprise reposait sur la mise en œuvre harmonieuse d'un triptyque indissociable : Marketing/ Développement/ Vente. Et de souligner : « on peut inverser l'ordre de ces fonctions clés de l'entreprise, le résultat reste toujours le même » : la Performance.

EMILE ARRIGHI DE CASANOVA

Alors qu'il était en 1950 le brillant chef de cabinet de Daniel Boisdon (Président de l'Assemblée de l'Union Française) Émile Arrighi De Casanova, accepte d'être le bras droit de Jean-Marie Nouvel, alors ministre de l'Industrie et du Commerce. Un an plus tard, il devient à 31 ans le plus jeune directeur du Commerce intérieur que la France ait connu ; fonction à hautes responsabilités qu'il occupe jusqu'en 1959, autre record. En alternant des grands postes fonctionnels et des responsabilités très opérationnelles, Emile Arrighi De Casanova consacre toute sa carrière professionnelle au commerce pris dans son acception la plus large et la plus noble aussi. Cette forte personnalité toute en droiture avait une profonde répugnance à l'endroit des faux –fuyants, des faux semblants. Pendant cinquante ans, d'abord au service de l'Etat, il sut marquer de ses traits de caractère, de ses décisions opportunes les grands temps forts du commerce. Sa voix a toujours su se faire entendre.

JÉRÔME BÉDIER

Aux âmes bien nées… A 39 ans, Jérôme Bédier se voit confier la présidence de la toute récente FCD (Fédération du Commerce et de la Distribution) Le choix des professionnels du commerce répond à leur souhait d'établir un vrai dialogue avec les partenaires : politiques, économiques et sociaux, mais également de faire taire leurs désunions, leurs contradictions. Homme de consensus Jérôme Bédier qui fut en son temps directeur de l'Artisanat au ministère de l'Economie et des Finances se plaisait beaucoup dans son nouvel environnement : *« J'ai trouvé des gens passionnés comme le sont les artisans que j'ai également connus »* En 1995, on annonçait un (Avis de grand frais) sur les terres du commerce. En1996 le Grand Frais se transforme en (Fort coup de vent). Mais les grands vents, le nouveau président de la FCD aime. Et puis, il n'est pas seul. Il rencontre au sein des entreprises composant la FCD, et à tous les niveaux, une passion très forte et un dynamisme qu'il reconnait assez rare dans les milieux économiques français.

MICHEL BON

Michel Bon porte en lui des gènes de distributeur. Comment alors s'étonner que cet inspecteur général des Finances président très en vue de France Télécom, après un passage remarquable à l'ANPE, ait conservé pour le commerce les yeux qu'avait Chimène pour Rodrigue. Les années passées sur la plus haute marche de Carrefour font partie des très bons moments d'une carrière riche en succès. Michel Bon est la démonstration que les diplômes, la naissance n'empêchent pas d'avoir du talent. Devenu homme de grande communication, bâtisseur des futures autoroutes de l'information, Michel Bon restait toujours à l'écoute du grand commerce. Il se plaisait à porter un regard objectif sur ce monde auquel il restait très attaché. Qui aime bien… Les propos de l'ancien président de Carrefour, jamais corrosifs, ne manquaient pas de sel. Toujours lucide, Michel Bon reconnaît en son âme et conscience les quelques effets pervers inhérents à la chevauchée fantastique des grands entrepreneurs du commerce moderne

PAUL CAMOUS

De 1982, année de sa fondation, à 1993, le préfet Paul Camous a été le délégué général de l'ICC (Institut du Commerce et de la Consommation. Il s'est révélé capable d'être un théoricien des actions du commerce et un analyste original des réalités de la société marchande. Déjà, en 1987 il écrivait : « *L'esprit de compétition et la concurrencé, le professionnalisme des producteurs et des commerçants font fonctionner une machinerie et un système d'une richesse et d'une complexité qui rendent malaisée la description de la société marchande. Mais sa finalité et son ressort interne qui, dialectiquement, l'animent et le servent à la fois, sont bien la force tranquille du marché et la disposition dominante du « grand parti des consommateurs »* Le consommateur a toujours été l'épicentre de l'ensemble des actions menées depuis 1982 par l'ICC. Paul Camous cet entrepreneur né, qui est un adepte convaincu de l'agir ensemble, a été, pendant douze ans, le porte-parole convaincant de la quasi-totalité des « chefs de maison » du commerce.

JEAN CASTARÈDE

Homme de lettres, écrivain, collectionneur des diplômes les plus recherchés, Jean Castarède a été pendant six ans, le délégué général du GNH (Groupement National des Hypermarchés) présidé alors par Denis Defforey. Position atypique pour ce grand commis de l'ÉTAT. Nous sommes à l'aube des années Mitterrand. En 1981/1982, les hypermarchés attendaient la guerre… Il n'en fut rien. La gauche au pouvoir a très rapidement intégré le rôle que les hypermarchés pouvaient tenir dans l'économie de la nation. Avec en moyenne, pendant cinq ans, cinquante créations annuelles, ce fut pour l'univers des hypermarchés une période des plus favorables. *C'était,* rappelle Jean Castarède, *un véritable âge d'or pour ce concept, au demeurant bien français* Et de poursuivre : *Au final le grand bénéficiaire du développement de ce nouveau con-*

cept fort, reste le consommateur, qui d'ailleurs, n'en finit pas de le plébisciter. Parmi les entreprises que Jean Castrède a approchées de très près, quand il dirigeait le GNH beaucoup ont disparu prématurément. *Ces mutations plutôt que disparitions sont dans l'ordre logique de toute économie libérale, donc de progrès.* Insistait Jean Castarède quand on lui demandait les raisons de ces « morts subites.

BERNARD DARTY

Fils d'un commerçant en textile, Bernard Darty est l'un des fondateurs du groupe Darty. Dès sa prime jeunesse il se passionne pour la création et le secteur de la vente. Jusqu'à l'âge de 18 ans il a poursuivi une formation secondaire au sein du lycée Turgot de Paris. Ouvrier tailleur, son père, aidé de Natan, l'aine des trois, confectionnait des vêtements que Marcel vendait dans un quartier de Paris. Lorsque leur voisin spécialisé dans la vente d'équipements ménagers, décide de vendre son fonds de commerce, Marcel Darty se porte acquéreur dans le but d'étendre la boutique familiale de textile. Cependant l'autorité de régulation du marché refuse la transformation du bail dans le but de respecter l'équilibre des commerces de la ville. En 1957, Bernard Darty qui rentre du service militaire, assiste Marcel pour écouler rapidement le stock du voisin. Aux fins, d'attirer davantage de clients, les frères décident de sortir sur le trottoir les équipements électroménagers (téléviseurs, poste radio, etc.) En quelques jours seulement, tout le stock est liquidé, incitant les frères Darty à se spécialiser dans le commerce d'appareils électrodomestiques. Le destin avait bien fait les choses… Au sein de l'organisation familiale Bernard s'était spécialisé dans la recherche de fournisseurs, de surcroit, il avait sous sa responsabilité la gestion des stocks.

MICHEL DECRÈ

Tel un paquebot ancré en plein centre-ville, Decré à Nantes, a fait rêver des générations, qui se souviennent encore de ses animations de fin d'année et de ses services : vente par catalogue, livraisons à domicile par leurs propres camions, et bien d'autres. En 1967 on a fêté avec faste le centenaire d'une œuvre de quatre générations. Quatre mois après l'événement Michel Decré ouvre en pleine campagne : Record Super Discount... comme pour le Carrefour de Sainte-Geneviève-des-Bois affilié au GAGMI (Groupement, d'Achat des Grands Magasins Indépendants) au demeurant fondé et présidé par Emile Decré, Ce magasin à nul autre pareil défrayait la chronique il bénéficiait d'une attention extrême du GAGMI tant pour la famille Decré ce test se devait obligatoirement d'être une réussite. D'autant qu'au sein même de la famille, l'unité ne s'était pas faite sur l'opportunité de faire route sur les traces de Carrefour. Record a fait date et lui aussi comme tous les premiers hypermarchés fit courir les grandes foules. Inconditionnel du libre service, ce qui n'était pas courant au sein de l'univers des Grands magasins, Michel Decré est le patron incontesté et incontestable de ce pilote. Il opte pour un slogan pour le moins osé pour l'époque : « Casseur de prix ». Record est dans toute son acception l'antithèse du grand magasin. C'est dire que pour accepter cette évolution, il a fallu du courage. Michel en était largement pourvu mais l'esprit de famille a été mis à rude épreuve. On peut le comprendre on trouvait d'un côté : le plus grand magasin de province, proposant 135.000 références disposant de 600 employés, pratiquant, en moyenne, une marge brute moyenne de 33 % et par ailleurs des grands magasins conventionnels proposant 60.000 références « seulement !!! » employant 150 personnes et limitant la marge brute moyenne à 15 %. No comment... *« Vous allez couler l'œuvre de quatre générations »* Disaient les uns. *« Nous avons toujours été à la pointe des innovations, professionnelles, sociales »* disaient les autres. *Et puis le GAGMI, c'est nous nous ne pouvons donc qu'être très confiants*

JEAN JACQUES DELORT

Quand Jean-Jacques Delort prend en mains les rennes du Printemps, en 1977, l'entreprise faisait eau de toutes parts. Quand, il les rend à François Pinault, en 1992, le groupe est devenu, en moins de vingt ans, le leader Français des ventes non alimentaires. Rien, pourtant, ne prédisposait cet enfant du sud-ouest de la France, à devenir un grand commerçant, appelée même à la présidence de l'ICC (Institut du Commerce et de la Consommation). Lorsque Bertrand Maus, le nouvel actionnaire de référence du Printemps, vient lui proposer de se marier avec la grande vieille dame du boulevard Haussmann, Jean Jacques Delort est un homme de presse, de grande presse. Il est administrateur général du groupe Prouvost après avoir sévi dans le monde agro-alimentaire. Animateur né, meneur d'hommes, ce grand sportif, amateur du ballon ovale, a pendant dix-sept ans prouvé que quand soufflait l'esprit d'équipe, les nuages du défaitisme se dissipaient. Jean Jacques Delort qui a tant aimé son passage dans le monde des grands magasins porte sur le concept hypermarché un jugement qui n'en a que plus de valeur. *« L'hypermarché est un concept fabuleux et tellement français. D'ailleurs dire « l'hypermarché à la française est commettre un évident pléonasme »*

JACQUES DERMAGNE

Passant avec dextérité et toujours efficacité, du CNPF au Conseil Economique et Social, Jacques Dermagne revient toujours à son port d'attache : le Conseil national du commerce dont il prit la présidence en 1980. Simple comité de liaison des fédérations du commerce en 1945 le CNC s'est transformé, dès 1968, en authentique fédération patronale du commerce. Jacques Dermagne a su, en seize ans, donner au commerce une remarquable représentativité au demeurant très légitime, mais qui lui était chichement comptée. « *Je suis le premier serviteur du commerce* » aimait à dire le président du CNC. Grand diplomate, au cœur d'or mais aux fermes résolutions, cet excellent marin savait, comme personne, étaler les coups de vent et esquiver les embuches. A croire que la devise du Conseil National du Commerce aurait pu être aussi « Fluctuât nec mergitur » (il a été battu par les flots mais n'a jamais sombré).

MICHEL DEROY

Il voulait être banquier comme son père. Le devoir familial et un immense attrait pour les premiers hypermarchés, ont fait de Michel Deroy le patron du groupe Docks de France. Le fondateur Ernest Toulouse, était un homme seul. Ses trois fils : Bernard Henri et Robert étaient des pionniers unis sur un fort projet d'entreprise. La troisième génération, animée par Michel Deroy, a stabilisé l'œuvre des innovateurs, puis est partie à la conquête de nouveaux partenaires. Michel Deroy, qui a également présidé l'ICC (Institut du Commerce et de la consommation), estime avec lucidité que pour jouer habilement leur jeu dans l'internationalisation du commerce, les entreprises encore familiales devaient admettre la dilution de leur pouvoir pour assurer le devenir de leur entreprise.

JEAN LOUIS DESCOURS

Haut fonctionnaire au ministère des Finances, mais commerçant dans l'âme, Jean Louis Descours, l'un des plus étonnants chefs d'entreprise de sa génération, a mené l'essentiel de sa brillante carrière au sein du groupe André. Accueilli comme directeur administratif et financier en 1948, il en devient le « patron » en 1960. *« J'étais le patron d'une entreprise à vocation industrielle qui assurait 80 % des fabrications des articles vendus dans les 120 magasins de la chaine »*

A partir de 1970, Jean – Louis Descours a mené une véritable révolution culturelle. En six ans, l'entreprise industrielle devient une grande entreprise marchande : tous commerçants. Pour Jean Louis Descours il n'y a pas d'autre bon patron que celui qui « *Prend davantage de bonnes décisions que de mauvaises* ». Les bons choix de Jean Louis Descours sont reconnus :

- *avoir été l'un des premiers accompagnateurs des centres commerciaux de la première heure ;*
- *avoir décidé de diversifier ses enseignes pour mieux couvrir le marché (Pinet, Orcade, Minelli, André) ;*
- *avoir entièrement structuré son empire industriel ;*
- *avoir imaginé les halles à chaussures, numéro un mondial de sa catégorie ;*
- *avoir étendu les activités de son groupe à l'habillement.*

JACQUES DIAN

Toujours consulté, toujours écouté, Jacques Dian l'ancien président de la Ruche Picarde qui faisait partie du groupe Docks de France est orfèvre en matière de commerce. Comme tous les grands patrons succursalistes de jadis, il a côtoyé de très près l'univers des fabricants. En habile négociateur qu'il fut, il aimait à rappeler que les rapports de force fabricants : distributeurs sont éternels. Pour Jacques Dian, seul français, après henry Toulouse à avoir présidé le CIES (Comité International des Entreprises à Succursales) : *« Les patrons du commerce qui ont réussi sont* (sans jeu de mot) *des patrons « debout ». CEUX QUI N'HÉSITENT PAS À CONSACRER UNE PART NON NÉGLIGEABLE DE LEUR TEMPS DE TRAVAIL À ALLER SUR LE TAS. IL EST IMPORTANT DE RESPIRER LE MÊME AIR QUE SES COLLABORATEURS ; DE VIVRE CE QU'ILS VIVENT, DE VOIR CE QU'ILS VOIENT.*

ANDRÉ ESSEL

André Essel le dit lui même : *« Révolutionnaire à dix sept ans, créateur de la FNAC à trente six ans, j'ai eu la chance de connaître une existence mouvementée, souvent dangereuse, de vivre une aventure des temps modernes »* Pour André Essel, la fatalité n'existe pas, sa vie fut un combat ponctué de très belle réussites. A un âge où d'autres fréquentent les Hespérides il tenait avant tout à rester aux affaires. Et bien lui en prit. Avait il une recette pour garder une forme et une lucidité qui lui valaient beaucoup d'envieux ? Son secret : la réussite, encore la réussite, toujours la réussite. Et de reconnaître : *« J'ai toujours été très heureux dans mon travail, j'ai réussi ; c'est important dans la vie, remarquez combien les gens qui n'ont pas réussi sont vieux avant l'âge »* De ces propos on pourrait conclure que sans réussite pas de réussite... Tiens donc, il fallait y penser. L'appétit vient bien en mangeant pourquoi la réussite ne viendrait-elle pas en réussissant mais trêve de plaisanterie.

DOMINIQUE GEORGEON

S'il est un art que ne pratique pas Dominique Georgeon, c'est celui de la langue de bois. En 1956, ses études supérieures terminées (Sciences politiques) il choisit de faire directement carrière dans la publicité. Son premier grand budget « INNO BJ » lui permet de découvrir le commerce. Directeur général chez Jacques Borel International où il se démarque de ses pairs par son franc parler, il répond en1977 à l'appel de Bertrand Maus (Printemps Prisunic) qui lui demande de remettre à flot les magasins populaires du groupe. Trois mois après, arrive au Printemps Jean Jacques Delort. Ces deux fortes personnalités auraient pu se heurter à longueur de temps. Il n'en fut rien bien au contraire. Dominique Georgeon a été le Président de l'association nationale des grands magasins et magasins populaires.

MARC COGUET

Homme qui n'en finit pas d'entreprendre, Marc Goguet a déroulé un parcours professionnel jalonné d'initiatives connues, et reconnues même comme ayant bien servi la cause du commerce associatif. Au mieux de sa forme Procos créé en 1975 pour assurer le développement du commerce spécialisé, a regroupé 125 enseignes et 2.000 points de vente. Marc Goguet en est resté vingt ans durant le très persuasif président Procos n'a pas été la seule initiative particulièrement réussie de Marc Goguet. Il convient de rappeler « Art de vivre » concept dont il fut le pionnier, centre à thème représentant un des axes porteurs du commerce spécialisé dans l'amélioration du mode de vie des Français.

RAYMOND GOULOUMES

Fils de l'un des fondateurs des Comptoirs Modernes, Raymond Gouloumès succède à son père en 1960, à quarante ans. En 1985, il laisse sa place à Jean –Claude Plassart, dont le grand –père Guillaume, fur au côté de Léopold Gouloumès le cofondateur de la société. Le groupe comptoirs Modernes (repris en 1998 par Carrefour) a été un des très rares rescapés du maelström qui en un vingtaine d'années a décimé la flotte succursaliste française. En marge de ses fonctions à la tête des Comptoirs Modernes, Raymond Gouloumès présida pendant trois ans à la destinée du groupement succursaliste Paridoc (1967-1970), et à celles de l'ACO (Automobile club de l'ouest) durant vingt ans. Homme de conquêtes, Raymond Gouloumès était l'archétype du développeur d'entreprises, alliant patience infinie et persévérance inébranlable. Pour lui, non conformiste en diable, anti langue de bois par excellence, il avait une incroyable passion pour le commerce, qui au demeurant la lui rendait bien.

ANTOINE GUICHARD

Il a été pendant plusieurs dizaines d'années classé comme l'une des grandes figures du commerce de l'après-guerre. Anticonformiste s'il en fut, doté d'un étonnant don de prescience Antoine Guichard aimait surprendre. Sa personnalité pouvait être parfois dérangeante certes mais des plus attachantes aussi. En seulement dix ans de plein pouvoir à la tête de Casino, il a totalement métamorphosé l'entreprise centenaire aux origines profondément familiales, avec tous les avantages et les inconvénients que cette spécificité peut présenter.

Antoine Guichard minimisait ses mérites quand il disait : *« On ne construit bien que si les fondations sont solides »* Il a été l'homme réussissant l'exportation du savoir-faire et des talents de Casino. Qui manifestement était une entreprise à nulle autre pareille. L'une de ses réussites aura été sans conteste de maintenir au sein de la direction de son entreprise une belle harmonie. « *Vous savez, dans le commerce comme ailleurs, il ya parfois des guerres de succession funestes »*

UMBERTO GUIDA

Avant de mener la brillante carrière qu'on lui a reconnu au sein de Promodès, Umberto Guida était dès 1966 entré en religion « Hypermarchique ». A la direction du Gagmi, il a, pendant cinq ans, connu les authentiques pionniers de ce concept bien de chez nous, tous des indépendants à tout crin. Au demeurant : n'ayant rien à perdre et tout à gagner. En 1972, quittant le Gagmi, il aurait pu prendre la direction du groupe des hypermarchés Maxi Radar. Le destin en a voulu autrement. Son contrat en poche, il ne lui restait qu'à le signer. Umberto Guida accepte un déjeuner avec Paul Louis Halley encore étiqueté « petit grossiste de province » *« L'homme et son projet m'ont séduit ... Paul Louis Halley m'a fait une étonnante analyse prospective de la distribution, il ne s'était pas trompé »* Pendant un quart de siècle Umberto Guida aura été le très proche compagnon de route du patron de Promodès. Un parcours marqué de très belles réussites et d'un exploit que reconnaissait bien volontiers Paul Louis Halley : *« Il a pu développer remarquablement nos projet en Espagne, tout en continuant, en France, à diriger le réseau des hypermarchés du groupe. »*

PAUL AUGUSTE HALLEY

Son père avait le négoce dans l'âme et lui ne pensait qu'aux mathématiques et à la chimie. Homme de caractère par excellence, se qualifiant lui-même de « dictateur » Paul Auguste Halley, façonné à Paris par les meilleurs pères jésuites du moment, place un jour de la fin des années vingt son père devant cette alternative : *« Ou, comme tu le souhaites, j'intègre l'affaire familiale, mais pour être le seul maître à bord* (il avait tout juste vingt deux ans) *ou alors je porte mes pénates ailleurs, où, sache-le, je réussirai »* Depuis sa plus tendre enfance, Paul Auguste a toujours eu une incroyable foi en sa réussite. Bel exemple de prémonition !

Réputé par ses proches de bourreau de travail, ce Napoléon du commerce de gros a dormi quatre heures par nuit pendant quarante ans. Etait-ce la clé de sa remarquable réussite. Tel père tels fils ses fils ont su fort bien mettre leurs pieds dans ses pas. Il aimait leur répéter sans cesse : *« le Métier de grossiste c'est le plus beau du monde »* a une époque, 1960, où le doute gagnait progressivement toute la profession de grossiste, Paul Auguste Halley, sur la recommandation de son fils aîné Paul Louis Halley (tragiquement disparu depuis) fait la paix des braves avec son concurrent le plus « difficile » Duval Lemonnier et jette les bases de ce qui allait être Promodès.

PAUL LOUIS HALLEY

« Tel père tel fils » Paul Louis Halley n'a cessé, depuis son arrivée « à la maison » de démontrer la pertinence d'un adage si souvent mis à mal dans le monde du commerce. Fin diplomate doté d'un rare talent de persuasion, il n'a eu de cesse de créer, avec d'autres grossistes de l'Ouest une structure dynamique et originale capable de développer les nouveaux concepts de vente qu'étaient les supermarchés, puis les hypermarchés. Quelle belle aventure que fut l'histoire de Promodès ! A la fin de la guerre, l'affaire familiale de Lisieux comptait une quarantaine d'employés. 51 ans plus tard (1996) elle dépassait légèrement les 60.000 emplois. En 1997 elle abordait l'an 2 000 en confiant sa gouvernance à une quatrième génération de Halley.

JEAN HASS

Militant du discount, Jean Hass ingénieur agronome de formation, découvre en 1955 Roger Berthier et sa « Maison du savon » qui vendait en discount une centaine de produits DPH (Droguerie Parfumerie Hygiène). Ce concept commençait à inquiéter un monde de commerçants profondément enfoncé dans un épais matelas de marges prohibitives. La Maison du savon devient Saveco. Commence alors pour Jean Hass une longue course aux prix discount. Il guerroie contre Leclerc à Grenoble. Nous sommes en 1959 ; Emule du fondateur de la Migros, le suisse Gottlib Dutweiler, il développe ensuite une chaine de grosses supérettes, puis de supermarchés et lance aussi des camions magasins. Baroudeur du commerce, innovant sans cesse, Jean Hass est de toutes les initiatives marchandes. On le rencontre à la naissance d'Euromarché ou de la centrale Socadip. En 1977, il se retrouve chez lui seul maître à bord. A mains nues sans fonds propres, il va créer en dix ans une quarantaine d'hypers et de supermarchés à l'enseigne As Eco et même découvrir avec succès, lui, l'Amérique. Son affaire grandit trop vite et, en 1987, il se voit obligé de la céder à Intermarché.

JEAN-CLAUDE JAUNAIT

Jean Claude Jaunait était l'image même de l'homme d'action, son dynamisme de était légendaire. Grande figure du commerce associé, il a été notamment le président de Système « U » groupement se distinguant des deux autres grandes enseignes du commerce indépendant qu'étaient et que sont longtemps restés Intermarché et Leclerc. Il a su cohabiter avec ces grandes enseignes fleurons du commerce intégré. Il les retrouvait régulièrement sous le toit de la FCD (Fédération du Commerce et de la Distribution) Pour Jean Claude Jaunait, le commerce se devait d'être pluraliste et concurrent, sans pour autant : séparatiste. Il a prouvé, pendant des années, qu'il était possible de cultiver ses différences tout en échangeant avis et opinions sur les grands problèmes du moment, avec d'autres formes statutaires du commerce. Jean Claude Jaunait était un inconditionnel de la pérennité du commerce indépendant organisé. Il la jugeait même indispensable. Il était parfaitement conscient que l'évolution vers un commerce de plus en plus administré ne pouvait que provoquer de nouvelles concentrations au sein du commerce intégré. Ce qui l'amenait à cette réflexion : « *Ce phénomène élargira le champ de manœuvre du commerce associé, pour peu que ce denier sache faire preuve d'esprit d'initiative* »

JEAN-PIERRE LE ROCH

Rien, vraiment rien ne prédisposait Jean Pierre Le Roch à tenir boutique. Ce passionné de mécanique, expert en réglages très fins, s'exile en 1947 avec ses parents, femme et enfants, destination le Brésil. La « venture » c'est l'aventure. Dix ans plus tard, en possession de rondelettes économies gagnées clé à molette en main, Jean Pierre Le Roch regagne la France. A vrai dire, personne ne l'y attendait. Et bien si, Edouard Leclerc et les hasards de la lecture d'un article d'Etienne Thil dans la revue Constellation. Changement de cap, changement de vie. Homme de chaleur et de conviction, cet entrepreneur né devient un redoutable « commerçant de combat ». Considéré, en son temps, comme le coadjuteur d'Edouard Leclerc « l'Ermite de Landerneau », puis querelle de personnalités l'exigeant, fondateur du « Mouvement des Mousquetaires », Jean Pierre Le Roch a pleinement réussi l'aventure Intermarché. Il a été l'une des Grandes voix du commerce, particulièrement écoutée et pour cause. Cet extraordinaire meneur d'hommes, ce brasseur d'idées, possédait un remarquable sens de la vision de l'évolution du commerce.

ALFRED LOMBARD

Alfred Lombard, ingénieur de formation, diplômé de Supaéro et professeur à l'école de l'air ne se voyait pas rendre un jour la monnaie derrière un tiroir caisse. Saclay lui ouvre, timidement il est vrai, les portes de ses ateliers de recherche en **Magnétohydrodynamiqe (**Le mot le plus long NDLR). Chercheur né, soucieux de transmettre ses connaissances, Alfred Lombard écrit alors les premiers livres publiés en France sur les fusées et autres engins balistiques. Les hasards de la vie le place un jour sur le chemin de Max Heilbronn, l'un des « patrons » des Galeries Lafayette. « *Venez donc chez nous, nous sommes en train de découvrir l'informatique. Nous avons besoin de garçons ayant votre formation* » Nous sommes en 1961. L'ascension d'Alfred Lombard va être fulgurante. Il y avait de l'Ariane dans l'air. A trente trois ans il était directeur général des Nouvelles Galeries où il était rentré comme directeur technique. Bouillant, entreprenant et imaginatif Alfred Lombard a commencé par créer de toutes pièces le plus grand centre commercial du moment : Cap 3.000 à Nice (Septembre1969) soit deux mois avant l'ouverture de Parly II à Versailles ; lui portant la signature de Jean Louis Solal. Alfred Lombard a lancé ensuite la chaine Sephora découvert le Fast Food avec Crip Croc, et inventé Cofinoga une Société de crédit au brillant devenir.

FRANÇOIS MALATERRE

Diplôme d'HEC en poche, François Malaterre franchit en 1966 la porte du Syndicat des MAS (Maisons à Succursales Multiples), 4, place des Saussaies à Paris Il ne se doutait certainement pas, alors, que ce premier emploi le conduirait à battre un record de fidélité à un même employeur, le succursalisme. Entré chef des services économiques et financiers, il devient secrétaire général puis délégué général des MAS. En 1986, il participe activement au rapprochement avec la Fedipac l'association des grossistes. Fedimas est créé, il en devient le numéro deux derrière le président Charles Urbain. Autre rapprochement mis en œuvre par François Malaterre, celui avec le GNH (Groupement national des hypermarchés). La FCD (Fédération du commerce et de la distribution est constituée. Il en prend tout normalement les fonctions de Délégué général. La pertinence de ses analyses, les préconisations aussi efficaces que mesurées qu'il formule, font de lui un des « incontournables » du commerce français, dont il demeure sans doute un des hommes les plus écoutés.

JACQUES MARCELIN

De son Occitanie natale, Jacques Marcelin avait conservé sur ses cordes vocales une pincée de soleil ; son verbe était chaleureux à l'instar de son parcours le conduisant dans le monde du commerce de haut niveau. Sa réputation d'animateur d'hommes et de meneur d'équipe n'avait d'égale que son érudition en géographie et en histoire. Les sciences politiques lui ont ouvert le livre des comptes commerciaux de la nation au ministère de l'Economie et des Finances. Dans la vie active, on peut commencer fonctionnaire et continuer commerçant. Au préalable Jacques Marcelin découvrira les charmes secrets des études et analyses financières. En 1977, il rejoint son ami Jacques Delort qui venait de prendre le commandement du Printemps. Il côtoie de très près Euromarché, filiale du Printemps et se découvre une passion pour les hypermarchés. Elle va le mener à la direction générale d'Auchan dont il assurera pendant cinq ans un spectaculaire développement. Ce fut ensuite au monde arabe d'apprécier entre autres de ses talents, celui de bâtisseur de centres commerciaux. Certains de ses proches trouvaient que c'était là un choix risqué. La réussite était au rendez-vous. Jacques Marcelin n'était-il pas également un grand champion d'échecs.

GÉRARD MULLIEZ

On ne peut qu'être admiratif devant la réussite de la stratégie d'Auchan au moment où l'enseigne commençait à sérieusement à défrayer la chronique. Son animateur, Gérard Mulliez, personnalité hors du commun, aimait à rappeler combien les succès répétés de son groupe reposaient avant tout sur une volonté très affirmée de développement et de motivation du patrimoine humain de l'entreprise. Né dans une famille profondément ancrée dans l'industrie textile, le fondateur d'Auchan est devenu par vocation un commerçant bâtisseur. Les Mulliez sont souvent cités au nombre des grandes fortunes françaises. Ce qui n'empêche pas, bien au contraire de détester l'argent qui se fait en dormant. Le « *sleeping* capitalisme » n'était vraiment pas son truc. Sa passion se résumait en un verbe « créer », toujours créer, encore créer. Gérard comme on avait coutume de l'appeler « à la maison » n'aimait pas beaucoup la solitude du coureur de fond. Pour cette raison, il a toujours excellé dans l'art et la manière de constituer des équipes performantes qui n'aimaient que faire la course en tête. Nombre de grands cadres d'Auchan ont d'ailleurs tout appris en courant. Auchan avait une réputation qui a perduré, celle d'être un gisement de pionniers. On leur doit la création de nombre de concepts marchands inédits. Gérard Mulliez n'a jamais cessé de donner une grande priorité à la culture d'un humanisme très présent dans son entreprise

JACQUES PETIT

« Jacques, c'est l'effervescence et la créativité faites homme ». Ainsi, le définissait un de ses bons amis. Il sort de Sciences Po, devient le porte-parole du cabinet de Pierre Messmer en son temps ministre des Armées. Par passion et curiosité pour les nouvelles technologies, il intègre IBM. Il est très vite repéré, ce qui lui vaut d'être rapidement placé au département contrôle de gestion, puis au service commercial. Why not ? … Après tout. Au bout de cinq ans, il commence à s'ennuyer ferme, au point de préférer une bien petite société succursaliste de la région parisienne : la Beaujolaise Vegaprix. Nous sommes en 1969. La passion du commerce va le dévorer, c'était sa voie, elle ne fut pas lactée. Le parcours professionnel de Jacques Petit est jalonné de foutus quarts d'heure bien maitrisés et de moments de grand bonheur, surtout en période de création. Sa plus belle aventure ? Euromarché bien sûr ! Il en aura été un homme de grande influence, et de forte persuasion. Préférant l'imagination et la création au quotidien, Jacques Petit aura été à l'origine de multiples

initiatives heureuses tant au sein du Conseil National du Commerce que du CNPF.

JEAN PLASSART

Véritable chef d'armée, meneur d'hommes particulièrement efficace, Jean Plassart, dès le lendemain de la guerre anime le service commercial d'une déjà brillante société à succursales multiples, sise au Mans : Les Comptoirs Modernes créés en 1928 par Léopold Gouloumès le père de Raymond, et Jacques Plassart, celui de Jean. En perpétuelle campagne, il va de succursales en succursales visiter ses gérants mandataires, leur transmettant ardeur et encouragements. Le libre-service devient dès 1947, son créneau. Sans pour autant délaisser ses petites succursales, il est en France au début des années 60 l'un des pionniers du supermarché, sous l'enseigne Suma, puis des hypermarchés, sous le drapeau Record, avant de devenir Mammouth. Vice – président directeur général des Comptoirs Modernes quand il prit sa retraite, sa plus grande joie, son meilleur souvenir, fut le jour où son fils Jean Claude a succédé à Raymond Gouloumès à la présidence d'un groupe qui n'a cessé de faire l'admiration des analystes financiers et le bonheur de ses actionnaires.

JEAN CLAUDE PLASSART

Aux âmes bien nées, et comme il se devait, Jean Claude Plassart a été en son temps, pendant de longues années le Président de Comptoirs Modernes, démontrant combien il savait gérer un difficile héritage. Ses devanciers aux commandes : Raymond Gouloumès et Jean Plassart, avaient imprimé aux Comptoirs Modernes un élan remarquable plaçant sans discontinuer leur entreprise au nombre des plus performantes du groupement Paridoc.

Jean Claude Plassart a parfaitement conservé ce même esprit de conquête, mais de surcroît, il a imaginé et mis en place une structure managériale particulièrement dynamique. Son organisation par métier respectait les particularismes régionaux ; l'indépendance dans l'interdépendance ça existe. La réussite de Jean-Claude Plassart et partant des Comptoirs Modernes, qui prit sa source en 1929 devait l'accompagner au sein de Carrefour. Ne s'était –il pas toujours profondément imprégné d'une culture, selon lui à nulle autre pareille. Son talent a été de réussir à transposer dans un monde au parcours très conservateur, le succursalisme, les grands principes de subsidiarité qui ont si bien réussi aux pionniers de l'hypermarché.

GEORGES PLASSAT

Quel parcours exemplaire que celui de Gorges Plassat ! Arrivé à Saint Etienne en 1985 pour redresser la branche restauration de Casino, il en est dix ans plus tard le président du directoire. Son seul maître : le client. Tout le reste, l'intendance, doit suivre. Artisan auprès d'Antoine Guichard du redressement de la vieille dame de Saint Etienne, Georges Plassat en sa qualité de président du directoire de Casino est en quelque sorte devenu le fils spirituel d'Antoine Guichard. Il a hérité de ce dernier du talent d'animer, d'entrainer des équipes. L'un comme l'autre avait le même charisme, l'un et l'autre faisaient montre du même souci d'écouter, de former et d'aider leurs collaborateurs.

En 2000, on retrouve le dauphin d'Antoine Guichard à la présidence du directoire de Vivarte (anciennement groupe André), groupe de distribution de prêt à porter et de chaussures. Il met en place un plan de travail fondé sur : le marketing, la logistique et la distribution. Entre

2004 et 2006, le chiffre d'affaires passe de 2 à 2,3 milliards d'euros et le résultat opérationnel passe, lui, de 220 à 365 millions d'euros. En avril 2012 les portes du commandement de Carrefour lui sont grand ouvertes, se voyant ainsi confier la responsabilité de Directeur Général Délégué avant d'être nommé Président directeur général par le conseil d'administration lors de l'assemblée générale des actionnaires du 18 juin 2012

JEAN LOUIS SOLAL

Considéré par ses pairs comme une grande figure du commerce moderne, Jean Louis Solal est celui qui a fait découvrir aux Français les grands centres commerciaux à l'américaine. Sa réussite allait de pair avec une rare modestie pour un homme de son envergure. Lors d'une interview qu'il nous avait accordée le 13 février 1996, livre « Les Grandes Voix du Commerce » ne nous disait-il pas : *« Je suis toujours surpris de voir de hommes qui pensent très sincèrement qu'ils méritent ce qui leur est arrivé, je pense en réalité que c'est au hasard que revient le plus grand mérite de ce que nous sommes devenus »* Sa réussite, car réussite il y a eu, Jean Louis Solal la doit sans doute à sa formation américaine. Derrière le célèbre promoteur de centres commerciaux se cache à peine d'ailleurs, un sociologue averti et surtout un très grand humaniste. Son nom a rejoint les pionniers du commerce moderne. L'ouverture de Parly II restera un grand moment de l'histoire du commerce, quelques années après celle du Carrefour de Sainte-Geneviève-des-Bois. Mais n'était-ce pas là une habile réplique aux usines à vendre qu'étaient les hypermarchés premier âge ?

ETIENNE THIL

Etienne Thil, disparu en février 1996, aura été non seulement une « grande voix » du commerce, mais aussi l'un de ses très grands témoins. L'auteur de livres réputés tels : « Mon combat pour la distribution », qui a fait connaître Edouard Leclerc et son système, puis « Les inventeurs du commerce moderne » et encore : « Le pavé dans la marque », peut témoigner d'un parcours tout à fait atypique. Il était journaliste « « Constellation », il est devenu distributeur pendant plus de quinze ans de sa vie, pour terminer, en qualité de consultant international, comme un des très grands experts dans le domaine des produits et des marques. Ce journaliste né, était avant tout un homme de marketing, parce qu'ayant conservé, avec la curiosité propre aux journalistes, un étonnant esprit d'analyse et de synthèse. Sans le chercher vraiment, il aura été le premier impresario d'Edouard Leclerc, puis des premiers compagnons de route de Marcel Fournier, Jacques et Denis Defforey, le célèbre triumvirat de Carrefour. Son entrée chez Carrefour remonte à l'ouverture de Vénissieux, le troisième hyper du nom. Lire les passionnants écrits d'Etienne Thil, c'est découvrir de nombreuses facettes de l'histoire de ces grands entrepreneurs du commerce moderne que furent les Leclerc, Le Roch Fournier et Defforey. C'est aussi pénétrer de grands moments de vérité.

CHRISTIAN TOULOUSE

Christian Toulouse porte un nom attaché aux grandes heures de son entreprise familiale que l'on retrouve en remontant les temps forts du commerce durant ce siècle denier. Pour les artisans dynamiques du commerce de l'après-guerre et de sa suite, il y avait : les chefs d'entretien et les chefs d'entreprise. On devine où se portait le choix de Christian Toulouse. La famille Toulouse se retrouve en bonne place dans tous les évènements qui ont marqué la grande envolée du commerce du vingtième siècle : le libre service suivi des supérettes, puis ensuite le supermarché (Suma et Atac), l'hypermarché (Mammouth), les centrales de référencement et de service (Paridoc). En totale harmonie avec son cousin Michel Deroy il a été un infatigable animateur, reconnu en son temps comme l'authentique patron de l'exécutif de l'entreprise. En cela il était le digne héritier, le fils spirituel de son oncle Henri Toulouse, lui même l'homme de tous les devenirs de son groupe familial. La Bourse a très souvent salué le comportement des Docks de France, notamment, quand le groupe s'est enrichi judicieusement de l'apport de la SASM (Société Alsacienne de Supermarchés). Christian Toulouse avait la réputation parfaitement justifiée d'être, certes, un habile négociateur mais restant fidèle au grand principe de base de son grand-père Ernest Toulouse : *« Pour recevoir, il faut donner »*. Ce n'était pas un truisme…

CHARLES URBAIN

Prenez une forte dose de bon sens, rajoutez quelques gênes de commerçant bourguignon, saupoudrez d'une grande pincée d'humour, laissez reposer sur les bancs de la faculté de droit, puis passez le tout dans le tamis de la rue Saint-Guillaume à Paris et vous obtiendrez peut être un clone de Charles Urbain. S'il n'avait pas été commerçant il aurait été, à n'en point douter, un redoutable diplomate. Mais voilà, diplôme en poche et stages effectués il prend la direction de l'entreprise succursaliste familiale : les Comptoirs de la Bourgogne à Dijon. Il aimait bien son petit chez lui. Il n'en devint pas moins quelques années plus tard l'aile marchante de la Cedis basée à Besançon et issue de la fusion de quatre entreprises succursalistes de l'est de la France dont la sienne naturellement. Vingt ans plus tard, il remet son mandat de président –directeur général d'une affaire devenue très brillante entre les mains d'Antoine Guichard. Casino absorbe la Cedis. S'ouvre alors devant notre Bourguignon la voie des associations fédératives professionnelles. Il passe un bon septennat à la présidence de la Fedimas qu'il avait contribué à créer par effet de fusion entre succursalistes et grossistes.

Charles Urbain, appelé à représenter le « grand commerce » au sein du Conseil Economique et Social salue son entrée dans cette institution au demeurant très recherchée par la réalisation originale d'un important rapport, titré tout simplement « Quel commerce demain » Force et se reconnaître que sa réflexion sur un tel sujet n'a pas pris une ride.

IV. LES GRANDS ANCIENS DU COMMERCE ET DE LA DISTRIBUTION

AS ECO

- Jean Hass (Président fondateur)
- Benoît Hass (Directeur général

AUCHAN

- Gérard Malliez (Président fondateur)
- Christophe Dubrulle
- Philippe Duprez
- Marc Lepoutre
- Michel Leclercq
- Jean Pierre Torck
- Arnaud Mulliez
- Amaury Mulliez
- Jacques Marcelin (Directeur général groupe développement)

AU PRINTEMPS

- Jules Jeluzot (fondateur)
- Gustave Laguionie (Président directeur général)
- Pierre Laguionie (Président directeur général)
- Jacques Gueden (Directeur général)
- Bertrand Maus (Président directeur général)
- Jean Jacques Delort (Président directeur général)
- Léon Salto (Directeur général adjoint)
- Jacques Marcelin (Directeur général adjoint)

ARLAUD

- Robert Arlaud (Président Fondateur)
- Jean-Claude Fraissé 1er Directeur général
- Bernard Lecomte (Directeur général)
- Gilles Pardi (Président du directoire)
- Jean Michel Arlaud (Directeur général)
- Gilles Venet (Directeur financier)

La « BEAUJOLAISE VEGAPRIX »

- Jean et Georges Lathuilère (famille fondatrice)
- Jacques Petit (Président directeur Général)

BERTHIER SAVECO

- Roger Berthier (Président fondateur)
- Jean Hass (Président directeur général)

CARREFOUR

- Marcel Fournier (Premier Président Fondateur)
- Jacques Defforey (co-Fondateur
- Denis Defforey (2e Président Directeur Général)

- Michel Bon (Président Directeur général)
- Daniel Bernard (1er Président du « New » Carrefour
- Robert Halley (Président du conseil de surveillance)
- José Luis Duran (2e Président Directeur Général)
- Lars Oloffsson (3e Président Directeur Général de Carrefour
- Philippe Pauze
- Thierry Garnier
- Luc Vandevelde (Président du conseil de surveillance)
- Guy Paillaud
- Gilles Petit
- Amaury de Seze (Président du conseil de surveillance)

CASINO

- Geoffroy Guichard (Président Fondateur)
- Pierre Guichard (son fils) Président du Conseil de gérance)
- Antoine Guichard, petit fils du fondateur (2e Président du conseil de gérance)
- Robert Lanusse Crousse (Président Epargne de Toulouse)
- Yves Guichard et Gilles Pinoncély (Associés gérants commandités)
- Georges Plassat (Président du directoire)

CEDIS (fusion de 4 succursalistes)

- Gabriel Mathey (Président à sa constitution)
- Jean Mathey (frère de Gabriel)
- Henry Mathey (autre frère de Gabriel)
- Jean François Mathey (fils de Jean)

- Charles Urbain (ex. PDG des Comptoirs de la Bourgogne)

CODEC

- André Régnier (Président)
- Mme Castelli (Directrice générale
- Michel Régnier dernier (Président Directeur Général)

COFRADEL

- Maurice Pangaud (Président Directeur Général)
- Pierre Gosselin (Directeur général)

COMPTOIRS MODERNES

- Léopold Gouloumès, Fondateur avec Guillaume Plassart
- Raymond Gouloumès (2e Président directeur général), fils de Léopold
- Marcel Deligny (1er Directeur général)
- Jean Plassart, fils de Guillaume Plassart (avec Raymond Gouloumès, Directeur Général)
- Jean Escorne ; co-directeur général avec Jean Plassart
- Jean Claude Plassart, 3e PDG, petit-fils de Guillaume Plassart
- Jean Pierre Rudaux (Directeur général avec Jean Claude Plassart
- Bernard Gautier (Directeur général avec Jean Claude Plassart)
- Benoît Cirotteau (Directeur général avec Jean Claude Plassart)

CORA

- Philippe Bouriez, Président fondateur
- Michel Bouriez, Directeur Général-
- Bernard Lecomte, Directeur général
- Jacques Bouriez, Dernier Président en titre

DOCKS DE FRANCE

- Ernest Toulouse (Président Fondateur)
- Henry Toulouse, fils du fondateur
- Bernard Toulouse, fils du fondateur (2e PDG)
- Robert Toulouse fils du fondateur PDG (Docks de France Tours)
- Robert Francis Werner (Directeur général SMD)
- René Boillevin (Directeur général Docks de France Tours)
- Michel Deroy (petit- fils du fondateur) 3e et dernier PDG du groupe
- Christian Toulouse (dernier Directeur Général du groupe)
- André Delabarre (Directeur général Supermarché Doc –SMD
- Yvon Decré (Directeur générale STAM)
- Michel Chauvin (Directeur général groupe financier)
- Pierre Gosselin (Directeur général Docks de France Centre)
- Bernard Hanquiez (Président directeur général Docks François)
- Roland Biville (Président directeur général SABECO Espagne)
- Jean François Toulouse (Directeur général groupe contrôle financier)

- Guy Kessler (Directeur général ressources humaines groupe)
- Guy Granier (Directeur général adjoint Docks de France Ouest Tours)

ECONOMATS DU CENTRE

- Jean Izambard (Président directeur Général)
- Jacques Jardat (Président Directeur Général)
- Christian Toulouse (Président Directeur Général)
- André Delabarre (Directeur général)
- Jean Claude Alloyeau (Directeur Général)

ECONOMIE BRETONNE

- Pierre Bailly (Président directeur général)
- Jacques Gautier (Directeur général adjoint)
- Henri Combot (Directeur général commercial)

ECONOMIQUE DE RENNES

- Claudius Sordet (Fondateur)
- Henri Haccard (1er Directeur Général)
- René Cotillon (Président)
- André Sordet (Président directeur Général)
- Henri Housset (Directeur général adjoint)
- Claude Sordet (Secrétaire général)
- Jean Claude Plassart (Président directeur général)
- Jean Pierre Rudaux (Directeur général adjoint)

ECONOMIQUE DE LYON

- Emile Festor (président directeur général)
- Jean Festor Vice Président directeur général
- Jacques Festor (Directeur général)

- Maurice Pangaud (Président directeur général)

EUROMARCHÉ

- Raymond Berthault (1er Président fondateur)
- Antoine Bernheim (Président Directeur Général)
- Jacques Marcelin (Vice président)
- Gérard Seul (Directeur général)
- André Crestey (Directeur Général)

La FNAC

- André Essel (fondateur)
- Max Théret (fondateur)
- Bompard

GALEC (LECLERC)

- Edouard Leclerc (Fondateur)
- Michel Edouard Leclerc (Président du groupement)

GALERIES LAFAYETTE

- Étienne Moulin (Fondateur)
- Georges Mayer (Président directeur général)
- Philippe Houzé (Président directeur général)
- Philippe Lemoine (Directeur Général LASER)
- Michel Rouleau Directeur général adjoint opérationnel)

GROUPE CHAUSSURES ANDRÉ

- Jean Louis Descours (Président)
- Jean Claude Sarazin (Président Directeur Général)
- Didier Lancelot (Président du directoire)

GUYENNE ET GASCOGNE

- Xavier Beau (Président directeur général)
- Bertrand de Montesquiou (Président directeur général)

INTERMARCHÉ

- Jean Pierre Le Roch (Fondateur)
- Pierre Gourgeon (Président du groupement)

PROMODES

1961à 1999

- Paul Auguste Halley
- Paul Louis Halley
- Robert Halley
- Jean Halley
- Guy Duval Lemonnier
- Jean Duval Lemonnier
- Alain Bessèche
- Javier Campo
- Jean-François Domont
- Umberto Guida
- Pierre Huguet
- Pierre Merle
- Alfonso Merry Del Val
- Pierre Paillaud
- Jean Pingeon
- Jean Ramond
- Jean François Rivière
- Léon Salto
- Luc Vandevelde

RADAR

- François Thiault Président directeur général)
- Claude Brosselin (Directeur général)

RUCHE MERIDIONALE

- Jean Pierre Guignard (Président directeur général)

RUCHE PICARDE

- Camille Dian (Fondateur)
- Vital Dian (Président)
- Jacques Dian (Président)
- Michel Dian (Vice Président directeur général)
- Daniel Créange (Directeur général)
- Daniel Bernard (Directeur général adjoint expansion)
- Guy Granier (Directeur général)

SOCIÉTÉ ALSACIENNE DE SUPERMARCHÉS

- Robert Jung (Président fondateur)
- Pierre Michel Jung (Président Directeur général)
- Christian Toulouse (Président du directoire)
- Michel Deroy (Président du conseil de surveillance)
- Jacques Algrain et André Mercier (membres du directoire et directeurs généraux)

SOCIÉTÉ ARMORICAINE DE MAGASINS DE GRANDES SURFACES (SAMGS)

- André Sordet (Président)
- Robert Francis Werner (Vice Président directeur général)
- Claude Sordet (Directeur général opérationnel)

SOCIÉTÉ ALSACIENNE DE SUPERMARCHÉS

- Robert Jung Président Directeur Général
- Paul Brenn Directeur Général
- Pierre Michel Jung (Président Directeur Général)-

SYSTÈME « U »

- Jean Claude Jaunait (Fondateur)
- Serge Papin (Président du groupement)

UNIDIS MAJOR

- Auguste-Morin (Président fondateur)
- Claude Lancelot (Président directeur général)
- François Morin (Président directeur général)

L'UNION COMMERCIALE

- Philippe Renard (Président directeur général)
- Michel Renard (Directeur général)

UNION DE CHOLET

- Armand Simon (Président directeur général
- Jean Pierre Simon (Directeur général adjoint)

VINIPRIX

- Raymond Berthault (Fondateur)
- Guy Berthault (Directeur général adjoint
- Christian Berthault (Administrateur)
- Jacques Petit (2e Président Directeur Général)

WIBAULT DREUX

- Hubert Wibault (Président directeur général)

V. LES GRANDES INVENTIONS QUI ONT MARQUÉ L'HISTOIRE DU COMMERCE

Comment, dans un livre dédié à la Grande Saga du Commerce français, ne pas rappeler combien la plupart des inventions et autres découvertes des XIXe et XXe siècles ont marqué, voire infléchi le développement du commerce « moderne » ? Ce choix va plus loin. En se refusant d'excepter certaines inventions d'une époque antérieure aux deux derniers siècles, il est montré que certaines d'entre elles ont, elles aussi, participé à l'amélioration au quotidien de nos vies.

Toutes les inventions que nous avons relevées étaient révolutionnaires à l'époque ; elles sont aujourd'hui ordinaires, et pourtant, elles ont bouleversé nos habitudes et sans cesse améliorer nos modes de vie répondant à des attentes de plus en plus nombreuses et précises.

1903 : *L'Avion*

Dès la fin du XIXe siècle, des hommes s'essayaient à découvrir les joies du planeur. Mais c'est le 17 décembre 1903 que l'avion, dans sa version actuelle, a été inventé par les frères Wright. Reprenant les découvertes précédentes, ils eurent l'audace d'adapter un moteur à explosion sur un planeur, adieu le « plus léger que l'air ». L'avion était né, signant un bel exploit. Le FLYER 1, leur premier modèle, a parcouru une distance de 30 mètres pour un vol qui dura 12 secondes. Le Flyer 2 fut lancé l'année suivante réussissant l'exploit de parcourir une distance de 5 kilomètres. Mais, il a fallu attendre le 8 février 1933 pour que le premier avion de ligne soit présenté, en grandes pompes. Cette invention révolutionnaire, ce Boeing d'United Airlines, entra en service un mois plus tard. À partir des années cinquante, des centaines de distributeurs européens partaient chaque mois à Dayton (USA) écouter l'oracle de la distribution moderne, Bernardo Trujillo (NCR), prêcher « L'îlot de pertes dans l'océan de profits ». Savaient-ils qu'ils devaient leur futur professionnel aux frères Wright ?

1906 : *Le Sonar*

Son invention repose sur les ondes transmises et reflétées dans l'eau pour déterminer la présence et la distance d'objets. SONAR signifiant : « Sound and Navigation Ranging ». Il émet un son transmis par un haut-parleur ou sur un écran. C'est en 1915 que l'ingénieur français Paul Langevin apporta à l'invention originelle de nouvelles améliorations. Il inventa ainsi le premier Sonar susceptible de détecter des sous-marins. Invention qui fit des ravages au cours de la dernière guerre mondiale.

1910 : *Le Néon*

Invention française, le Néon ou tube fluorescent date de 1910, on la doit à Georges Claude, physicien et chimiste. Il travaillait sur les gaz rares ce qui le conduisit à mettre au point le premier tube au néon. La complexité de cette invention est évidente. Le tube enferme un ou plusieurs gaz et sa surface est recouverte d'une poudre fluorescente. Lorsqu'un courant électrique le parcourt, la poudre fluorescente se transforme en lumière. Le tube Néon fut la grande vedette de l'Exposition universelle de 1910. Le Néon trouva d'emblée de très larges utilisations, notamment au sein de l'univers du commerce, en recherche d'attraction du chaland. Très rapidement, enseignes commerciales, vitrines de grands magasins et autres panneaux publicitaires en firent bon usage. À l'époque les problèmes de consommation d'énergie ne se posaient pas. Aujourd'hui, il existe des tubes sans gaz et même flexibles. Des tubes écologiques sont de plus en plus souvent installés, ils sont équipés de LEDS à l'intérieur pour consommer moins d'énergie.

1923 : *La congélation des aliments*

Le principe était de pouvoir conserver à long terme des aliments. Oui mais comment ? Le Canadien Clarence Birdseye eut l'une des plus heureuses idées du XXe siècle. En 1915, il s'était rendu compte que le poisson recouvert d'une solution salée et plongé dans le froid se conservait particulièrement bien. Fort de ce premier constat, Clarence Birdseye, perfectionne sa première invention mettant au point la congélation des aliments. Répondant à un grand besoin, les produits vendus au grand public connurent, dès 1930, une croissance exponentielle. Le procédé est maintenant à la base de toute la filière agro-alimentaire Les magasins à dominante alimentaire sont équipés en meubles et autres vitrines, soit en froid positif soit en froid négatif (congélation à -30° conservation à -18) Ce mode de conservation des aliments, si efficace, qu'est la congélation a vu le jour 128 années après la célèbre découverte de la conserve alimentaire par Nicolas Appert (1795).

1924 : *Les mouchoirs en papier*

Le principe est : se moucher et jeter ensuite son mouchoir ; d'où l'appellation « Mouchoirs jetables ». Une belle invention signée Ernest Mahler qui dirigeait Kimberly-Clark (notamment papetier industriel) ; à titre personnel, il se mouchait dans de fines lingettes en papier dont il se séparait, chaque fois qu'il le pouvait…Mais c'est bien sûr ! Ernest Malher comprit rapidement que : ce qui était bon pour lui devait l'être pour les autres, les femmes notamment. Le succès de Kleenex perdure de belle manière ; la marque est toujours le numéro un des mouchoirs en papier dans le monde. Il a fallu attendre 1960 pour, enfin, voir arriver la marque Kleenex en France.

1926 : *L'aérosol*

Cosmétiques, produits d'entretien, peinture, les aérosols font partie de notre vie courante. Leur invention qui remonte au 9 février 1926 procède d'un chimiste norvégien : Eric Rotheim. Il avait réussi à pulvériser un liquide contenu dans un flacon métallique, car ledit liquide est expulsé au moyen d'un gaz. L'aérosol fut utilisé pendant la Seconde Guerre mondiale pour protéger les soldats américains des moustiques. Cette invention devenue essentielle pour maintes utilisations n'a été industrialisée qu'au début des années 1950. Ce n'est qu'au cours des années 1970 que la communauté scientifique s'est inquiétée des dommages sur la couche d'ozone des gaz CFC, contenus dans les aérosols. Soyons rassurés, d'autres gaz liquéfiés ou comprimés, moins ou même pas nocifs, sont désormais utilisés.

1926 : *La télévision*

Le principe est simple : un écran reproduit une image en mouvement, accompagnée par la suite d'une bande-son. En janvier 1926, l'ingénieur écossais John Logie Baird est le premier à inventer un système mécanique pour reproduire, sur un écran, une image en mouvement. Il nomme son invention : téléviseur. Ce n'est qu'en 1930 que cette invention fut commercialisée. Sa durée de vie a été brève, car un autre système de diffusion sensiblement plus performant, fut proposé par un ingénieur italien Guglielmo

Marconi et très rapidement retenu par le monde entier. En 1937 la BBC a été la première chaîne à l'adopter.

1927 : *La montre à quartz*

L'objectif poursuivi était de concevoir une montre parfaitement fiable. Objet consulté à chaque instant par des milliards de personnes, la montre n'aurait pas été si populaire sans l'invention de Warren Morrison. Cet ingénieur canadien invente en 1927 la montre à quartz. Il construit une horloge qui contient une fine lamelle de cristal de quartz. Or, les cristaux de quartz, associés à une pile électrique présente la particularité de vibrer à cadence parfaitement régulière. De l'horloge à la montre, il n'y avait qu'un pas immédiatement franchi ; mais à ses origines, la célèbre montre à quartz était vendue à un prix quelque peu dissuasif.

1930 : *Le ruban adhésif*

À l'origine, le ruban adhésif n'avait pas l'usage d'aujourd'hui. Richard Drew en 1925 inventa un ruban masquant adhésif, baptisé scotch Tape, pour que les peintres automobiles ne débordent pas lors de leurs travaux. Au fil des années, la technologie autour du ruban adhésif s'améliora étendant de plus en plus les capacités potentielles de son utilisation.

Commercialisé dans les années trente, le Scotch est rapidement devenu populaire ; à tel point que son seul nom désigne le produit. En 2005, cette invention présente dans tous les foyers, bureaux, et écoles du monde entier, a fêté ses 75 ans.

1935 : *La fibre nylon*

L'inventeur de cette fibre synthétique Wallace hume Carothers était loin de se douter qu'il allait révolutionner le quotidien des femmes. Ce chimiste américain travaillait au sein de la société Dupont. Il crée dans son laboratoire, pour sa propre utilisation, une fibre résistante et pratique : ce sera le nylon. La commercialisation de cette fibre commence en 1938 ; elle fut rapidement utilisée à des fins militaires, elle aussi, notamment dans la toile de parachute. Mais d'évidence, cette fibre ne trouve vraiment son envol grand public que lorsqu'elle commença à être utilisée dans la confection des bas, en lieu et place de la soie. Les femmes découvrent ainsi « les bas nylon » en 1940. Merveilles des merveilles ; extrêmement résistants, ils ne filent pratiquement plus.

1938 : *Le stylo à bille*

Comment ne pas placer le stylo-bille au nombre des très grandes inventions du XXe siècle. Son inventeur est un journaliste hongrois Laszlo Biro. Son stylo était programmé pour écrire pendant un an et bien sûr, sans être rechargé. La belle affaire pour un journaliste ! Cette invention est brevetée en 1938. Elle eut une suite : en 1950 le Français Marcel Bichs fonde la société Bic et commercialise les stylos Bic qui utilisent l'invention de Laszlo Biro. Son Bic est devenu le stylo à bille numéro un dans le monde.

1945 : *Le micro-ondes*

Son principe repose sur une cuisson artificielle des aliments et partant, pour commencer, de leur réchauffement. L'invention récente soit 1945 est due à un chercheur américain Percy Spencer qui travaillait sur l'amélioration des radars. C'est par pur hasard qu'il constate un beau jour que les ondes électromagnétiques pouvaient réchauffer un aliment comme du pop-corn ou un œuf. Il invente un four qui générerait ces ondes : le micro-ondes dont la commercialisation commença dans les années soixante.

1947 : *Le transistor*

Ils étaient trois américains, les inventeurs du « transistor » : John Bardeen, Walter Brattain, William Shockley. Quelle fabuleuse invention que ce composant électronique ! Il est constitué de trois électrodes, sert d'interrupteur mais également de stabilisateur et de modulateur d'un courant électrique. Placé dans des circuits intégrés, il a permis le développement d'innombrables applications dans l'univers des objets électroniques et informatiques. Aujourd'hui, certains composants possèdent plusieurs millions de transistors.

Les trois scientifiques à l'origine de cet immense bouleversement ont reçu en 1956le prix Nobel de physique pour leur invention.

1948 : *Le velcro*

Le velcro, invention récente, est une bande auto agrippante devenue très rapidement un objet quotidien. Comme souvent à ses origines une observation : le Suisse Georges Mestral, remarque que des chardons se sont collés aux poils de son chien. Les ayant observés au microscope, il se rend compte que les chardons tiennent sur une surface car ils possèdent des piques. Il s'en inspire et invente le velcro pour tenir deux parties entre elles, notamment des parties tissus sur les vêtements. Breveté en 1956, le velcro est une des inventions les plus lucratives du siècle. Il s'en vend des millions de mètres chaque année.

1949 : ***Le code à barres***

Enfin le code vint, avec son principe de pouvoir identifier automatiquement des produits. C'est dire à quel point le code à barres a révolutionné tant la gestion des stocks dans les magasins que la connaissance très poussée clients. Tout, tout, on saura tout sur Madame Michu… Représenté par des petits traits verticaux appliqués sur un produit ou un emballage, le code à barres contient des informations de première importance. Ainsi, après la lecture optique du code du produit, le magasin peut savoir en temps réel, par exemple, combien d'articles de ce type de produits, il reste en stock. Le premier brevet de code-barres fut déposé le 20 octobre 1948 par les Américains Joseph Woodland et Bernard Silver. En 1970, le code universel des produits, pour standardiser le système entre les pays, fut mis au point par George Lauer. C'est ce type de code à barres, à 13 chiffres (EAN 13) qui est aujourd'hui utilisé. On peut rappeler que la première caisse enregistreuse a vu le jour en 1879sous la paternité de l'Américain de Ritty James.

1956 : ***La pilule contraceptive***

Plus connu sous le terme « pilule », ce contraceptif oral est une invention du XXe siècle, largement répandue au début des années 2000. De sources sures, environ 60 % des Françaises l'utilisent. Sa mise au point a nécessité des dizaines d'années de recherche et d'expérimentations. In fine, ce sont deux scientifiques américains Gregory Pincus et John Rock qui mirent au point la formule efficace pour empêcher l'ovulation chez la femme. La célèbre pilule est commercialisée aux Etats -Unis depuis le 23 juin 1960. En France, elle a été légalisée le 28 décembre 1967 par la loi Neuwirth.

1960 : ***La minijupe***

Synonyme de la libération de la femme, la minijupe a été inventée par une Anglaise Mary Quant. Elle ose au début des années soixante, pour la première fois, fabriquer et commercialiser une jupe dont l'ourlet est de 20 cm au-dessus du genou. Très choquante à son apparition, la mini-jupe fit rapidement de très nombreuses adeptes. Même auprès de celles qui auraient dû cacher ces genoux que l'on ne saurait voir… Ne révèle-t-elle pas, pour la première fois, aux hommes les jambes des femmes. En France, le couturier André Courrèges a été le premier à l'utiliser dans ses défilés dès 1962. Associée au collant, la minijupe traverse les modes jusqu'à aujourd'hui.

1960 : ***Le laser***

Le laser qui signifie « amplification de la lumière par émission stimulée de rayonnement » est un appareil émettant une lumière très puissante. En 1854 deux, scientifiques américains Charles Townes et Arthur Schawlow inventent le « maser » l'ancêtre du laser, mais invisible, no comment… Grâce à lui un autre Américain Théodore Maiman invente en 1960 le laser optique : celui-ci est visible et identifié par sa lumière rouge. L'invention suscite immédiatement de très nombreuses demandes, tant ses débouchés sont nombreux. Principalement dans l'industrie où le laser est utilisé pour découper des matériaux comme l'acier inoxydable. Le laser a également droit de cité dans la médecine aussi bien à des fins de micro chirurgie des yeux, ou simplement pour enlever des taches sur la peau.

1971 : *Le microprocesseur*

Le microprocesseur est à l'origine du développement accéléré de l'informatique moderne. Nous les devons, en 1971, à Marcian Hoff, alors ingénieur chez Intel. Sur une puce miniature sont regroupés plusieurs circuits intégrés, jusque-là séparés, nécessaires pour faire fonctionner un ordinateur. Ce modèle, baptisé Intel 4004 lancé le 15 novembre 1971 est le premier d'une longue série. En 1990 un autre ingénieur Gilbert Hyatt revendique la paternité de cette invention, s'ensuivit un long procès, car cette paternité lui avait été accordée. Elle lui sera enlevée en 1995. Les microprocesseurs, toujours plus performants, suivent l'évolution de la technologie selon la loi de Moore. Le nombre de transistors double sur une puce tous les deux ans environ. L'évolution de leur puissance est sans limites.

1974 : *La carte à puce*

Enfin, une invention bien Française que cette carte à puce que nous devons à Roland Moreno depuis 1974. Elle est absolument incontournable au quotidien, aussi bien en tant que moyen de paiement que comme procédé d'identification en temps réel de son porteur. Elle est un fondement de la Sécurité sociale, comme une signalétique sur un badge ou sur une carte Sim. Toutes les informations qui composent la personnalisation de son possesseur sont lues par un appareil électronique. Le système de protection de la carte n'a jamais été brisé. En1994, le brevet de l'inventeur est tombé dans le domaine public. Des dizaines de milliards de cartes à puce sont en circulation partout dans le monde.

1978 : *Le GPS*

Adieu compas, boussole et autres moyens de radiogoniométrie ; la navigation à l'estime ou mieux avec des techniques de radiogoniométrie, a laissé place en 1978 au GPS (Global. Positionning. System) En bonne logique, cette invention trouve ses origines au sein du Département de la défense américaine. Elle est fondée sur l'utilisation d'une constellation de satellites en orbite autour de la terre. Le récepteur GPS reçoit un signal, les satellites permettent de calculer les coordonnées précises du lieu où se trouve le détenteur du GPS. Ce calcul en temps réel permet d'utiliser le GPS en se déplaçant, et ainsi en l'actualisant tracer le chemin à suivre pour atteindre la « cible » soit, par exemple, le point terminal d'une randonnée en pleine forêt de Rambouillet. La précision de la localisation est de l'ordre de dix à cent mètres.

Avant ces deux derniers siècles riches en grandes inventions le 19e et même le 18e avaient également apporté à notre civilisation des découvertes qui font toujours partie de notre quotidien. Ainsi :

- L'eau de javel par Claude Berthollet en 1785 ;
- L'écriture Braille par Louis Braille en 1825 ;
- Le papier hygiénique par Joseph Cayotty en 1855 ;
- Le timbre-poste par Rowland Hill en 1840 ;
- Le téléphone par Alexander Graham Bell en 1859 ;
- La télévision par John Logie Baird en 1889 ;
- Le soutien gorge par Hermine Cadolle en 1889 et l'aspirateur un peu plus tard en 1901 par Edward Lundstrom.

VI. LES AUXILIAIRES DU GRAND BOND DU COMMERCE

En conclusion de ces pages dédiées aux grandes inventions qui ont marqué l'histoire du commerce, nous avons édifié le podium des grands auxiliaires du bond en avant du commerce contemporain.

Ce dernier a vécu une révolution fondamentale qui est celle de l'apparition, puis du développement accéléré du « Libre Service. Les clients en recherche de produits de grande consommation à prédominance alimentaire sont passés d'un concept : « Je viens, je demande ce que je souhaite, on me sert et je paie » à : « Je viens, je vois, je prends et je paie ». Ce qui pouvait sembler être un acte de libération et de confiance à l'endroit du consommateur était, en fait, selon les esprits caustiques, une sorte d'asservissement. Le consommateur devenait une sorte d'OS (ouvrier spécialisé) du magasin. On devine que la caisse enregistreuse, à ses débuts avec une seule ventilation, puis jusqu'à huit, au début des années soixante, a été le facteur clé du développement du commerce en magasin. Les progrès dans la saisie et le traitement des informations ont été constants et de plus en plus spectaculaires au cours de la seconde moitié du XXe siècle. Tout, tout, il est possible de tout savoir en temps réel, certes sur la gestion des stocks et des fonds, mais encore et plus précieux, sur la personnalité d'un client. On sait, si, il est un habituel ou un occasionnel quant à sa fréquentation du magasin. On peut retrouver quels furent ses derniers achats, voire le parcours réalisé dans ledit magasin. Ces données individuelles, multipliées par un nombre important de visiteurs, permettent de modifier la géographie de l'implantation globale des articles dans le magasin. Et plus encore, d'optimiser les positionnements de certains produits sur les rayonnages. « La carte à puce » et son inséparable « code à barres » méritent la première place de notre podium. Mais sur la deuxième marche, il importe de placer « La congélation des aliments ». Elle a permis l'invention et la mise en place de grands nombres de produits nouveaux individuels ou en assemblages, tels les plats préparés. En troisième position, nous trouvons « le microprocesseur » qui est à l'origine du développement de l'informatique moderne. Curieux ce podium, penseront certains de nos lecteurs. Que non, car les performances du commerce moderne appellent une parfaite connaissance des demandes des consommateurs, aux fins de répondre le mieux possible à leurs attentes. Ceci concerne aussi bien le commerce en magasin que les ventes à distance, l'informatique a décloisonné le commerce.

LES PREMIERS

- La date de la création, par Aristide Boucicaut, du premier grand magasin en France est : le 18 novembre **1852,** rue de Sèvres à Paris sous enseigne : **« Le Bon marché ».**

- Le premier magasin populaire a été ouvert à Paris sous l'enseigne **« Prisunic »** en **1931** par : « Les Grands Magasins du Printemps ».

- Le premier supermarché, français (418 m^2), a été ouvert en **1958** à Rueil Plaine (région parisienne) par les établissements Rémois « Goulet Turpin » Il portait l'enseigne **« Express Marché »**.

- En **1963,** Carrefour ouvrait à Sainte Geneviève des Bois, également région parisienne, le premier « Hypermarché » (appellation donnée par l'IFLS quelques années plus tard à des magasins de plus de 2 000 m^2. Ce format prit ensuite l'enseigne **« Mammouth »**.

BIBLIOGRAPHIE

Jacques BEAUCHET
« Carrefour de illusions » (Editions B Gobin) 2010

Claude BROSSELIN
« Le Grand Commerce » (Dunod) 1971
« Distribution » (Vuibert) 1981
« La Grande Histoire des Regroupements dans la distribution » (L'Harmattan) 2011

Jacques du CLOSEL
« Les Grands Magasins Français » (Chotard & Associés) 1989

Jacques DIOUX
« Vendre à la Grande Distribution » RIA Dunod 2003

Jean-Pierre FOURCAT
« Baromètre COFREMCA »

Eric HAYAT
« Les enjeux électroniques des échanges et du commerce électronique pour les entreprises » (CCI Paris)

Christian LHERMIE

« Carrefour ou l'Invention de l'Hypermarché » (non daté)

Francis LORENTZ

Rapport « Le commerce électronique, une nouvelle donne pour les consommateurs, les entreprises, les citoyens et les pouvoirs publics »

Claude SORDET

« La distribution nouvelle industrie » (Editions les Bas Sablon)

« Les Grandes Voix du Commerce » (Editions Liaisons) 1997

« Docks de France, plein siècle » (Editions Sept et Neuf) 1999

« Paul Louis Halley : de Promodès à Carrefour » avec Jean-François Wantz (Editions d'Organisation) 2004

« L'Economique de Rennes mais encore… » (Editions des bas sablons) 2007

« La grande Histoire des regroupements dans la distribution » (Editions l'Harmattan) 2011

« Hypermarché 50ans déjà » (Editions L'Harmattan) 2014

« Le commerce cet inconnu… Où le siècle de la grande farandole du commerce français » (Editions L'Harmattan) en cours pour sortie mai 2015

Yves SOULABAIL

« Carrefour, un combat pour la liberté » (Editions Le loup hurlant) 2010

REMERCIEMENTS

Ce livre a été réalisé avec les précieux concours de Claude Brosselin et de Judas Paysant. Je remercie chaleureusement l'un et l'autre.

Le premier, pour la mise à disposition de ses parfaites connaissances de l'univers des grands magasins et autres magasins populaires, dont il est issu.

Le second, pour sa transmission permanente des faits et évènements concernant le commerce.

Je tiens, par ailleurs, à souligner combien j'ai apprécié l'intervention des nombreux amis qui m'ont aidé dans mes recherches, et plus particulièrement, parmi eux :

- Christophe BARET
- Jacques BEAUCHET
- Claude BROSSELIN
- Michel CHOUKROUN
- Gérard GALLO (avec une mention toute particulière)
- Philippe LEMOINE
- François MALATERRE
- Judas PAYSANT
- Sébastien SEGUIN
- Alain THIEFFRY
- Charles URBAIN
- Léon WEGNEZ

FIN

TABLE DES MATIÈRES

L'Harmattan Italia
Via Degli Artisti 15; 10124 Torino

L'Harmattan Hongrie
Könyvesbolt ; Kossuth L. u. 14-16
1053 Budapest

L'Harmattan Kinshasa
185, avenue Nyangwe
Commune de Lingwala
Kinshasa, R.D. Congo
(00243) 998697603 ou (00243) 999229662

L'Harmattan Congo
67, av. E. P. Lumumba
Bât. – Congo Pharmacie (Bib. Nat.)
BP2874 Brazzaville
harmattan.congo@yahoo.fr

L'Harmattan Guinée
Almamya Rue KA 028, en face
du restaurant Le Cèdre
OKB agency BP 3470 Conakry
(00224) 657 20 85 08 / 664 28 91 96
harmattanguinee@yahoo.fr

L'Harmattan Mali
Rue 73, Porte 536, Niamakoro,
Cité Unicef, Bamako
Tél. 00 (223) 20205724 / +(223) 76378082
poudiougopaul@yahoo.fr
pp.harmattan@gmail.com

L'Harmattan Cameroun
BP 11486
Face à la SNI, immeuble Don Bosco
Yaoundé
(00237) 99 76 61 66
harmattancam@yahoo.fr

L'Harmattan Côte d'Ivoire
Résidence Karl / cité des arts
Abidjan-Cocody 03 BP 1588 Abidjan 03
(00225) 05 77 87 31
etien_nda@yahoo.fr

L'Harmattan Burkina
Penou Achille Some
Ouagadougou
(+226) 70 26 88 27

L'Harmattan Sénégal
10 VDN en face Mermoz, après le pont de Fann
BP 45034 Dakar Fann
33 825 98 58 / 33 860 9858
senharmattan@gmail.com / senlibraire@gmail.com
www.harmattansenegal.com

L'Harmattan Bénin
ISOR-BENIN
01 BP 359 COTONOU-RP
Quartier Gbèdjromèdé,
Rue Agbélenco, Lot 1247 I
Tél : 00 229 21 32 53 79
christian_dablaka123@yahoo.fr

Achevé d'imprimer par Corlet Numérique - 14110 Condé-sur-Noireau
N° d'Imprimeur : 120022 - Dépôt légal : juillet 2015 - *Imprimé en France*

www.ingramcontent.com/pod-product-compliance
Lightning Source LLC
LaVergne TN
LVHW010930061026
849535LV00007B/2322
* 9 7 8 2 3 4 3 0 6 6 9 9 8 *